# La rebelión de Bar Kokhba

*Una guía fascinante sobre la tercera guerra judeo-romana y su impacto en la antigua Roma y en la historia judía*

# Índice

# Introducción

Cuando se habla de la historia judía en la actualidad, la gente se centra principalmente en el turbulento siglo XX. Durante este tiempo, el pueblo judío sufrió mucho con el Holocausto de la Segunda Guerra Mundial, y luego pasó a participar en uno de los conflictos más largos de la era contemporánea: el conflicto árabe-israelí. Estos temas acaparan nuestra atención porque estamos mucho más cerca de ellos. Sin embargo, estos acontecimientos suelen oscurecer nuestra visión del pasado, eclipsando la mayor parte de la historia judía, que comenzó hace más de tres mil años.

En los raros casos en los que la gente mira más atrás, tiende a centrarse en los enclaves judíos más pequeños que vivieron en varios países a lo largo de la historia o en el muy romantizado exilio babilónico o la gran revuelta judía contra el dominio romano de Judea. Por supuesto, estos temas son innegablemente importantes para comprender toda la adversidad, el sufrimiento y el dolor que han sufrido los judíos. Sin embargo, uno de los temas de los que se habla mucho menos, pero que sigue siendo igualmente importante es la rebelión de Bar Kokhba.

Durante mucho tiempo, este último acto de rebeldía de la desafiante población judía de Judea que luchaba contra uno de los imperios más poderosos de la antigüedad permaneció relativamente desconocido. Carecía del carácter romántico de la gran revuelta judía, lo que la hacía menos atractiva para los investigadores modernos. Del mismo modo, para los escritores antiguos, especialmente los romanos, parecía no ser más que un parpadeo en el radar histórico. Era solo una de las muchas rebeliones a las que se enfrentaba Roma en aquella época. Al mismo tiempo, para muchos judíos, del pasado y del presente, seguía siendo un momento lamentable, algo de lo que muchos preferían no hablar. Es ese aspecto de la rebelión el que la hace importante y el motivo por el que deberíamos molestarnos en aprender sobre ella.

La rebelión de Bar Kokhba fue el catalizador final que transformó la historia judía. Fue una pérdida tan terrible que cambió el judaísmo como fe, alteró el paisaje demográfico de Judea, aplastó el espíritu de lucha judío y, en última instancia, decidió el futuro del pueblo judío. En cierto modo, fue el verdadero comienzo del exilio judío de Israel, que duraría hasta la era moderna. Como tal, esto hace que sea fundamental no solo en la historia judía, sino también en la historia del mundo. Aprender sobre ella puede enseñarnos muchas lecciones históricas importantes y también ayudarnos a entender el mundo actual en el que vivimos.

# Capítulo 1 - Orígenes judíos y primer contacto con los romanos

Antes de adentrarnos en la rebelión final de los antiguos judíos, es importante hacer un breve resumen de su historia antes de la llegada de los romanos. Es importante comprender la cultura judía y los vínculos de los antiguos hebreos con sus costumbres y tierras. Sin embargo, es importante señalar que para muchas de estas historias, la única fuente histórica es la Biblia hebrea, lo que hace difícil discernir la realidad de la ficción. Además, las escasas pruebas arqueológicas y otras fuentes escritas a veces divergen de las escrituras religiosas, reescribiendo la historia de los primeros israelitas de forma ligeramente diferente a la de la Biblia hebrea. Para algunos, esto puede ser visto como una ofensa o una especie de transgresión. Si este libro despierta sentimientos similares, es importante señalar que no es intencionado y que el único objetivo de esta guía es presentar nuestro pasado con la mayor precisión posible.

Pinturas que representan a Moisés sacando a los judíos de Egipto (arriba) y sosteniendo los Diez Mandamientos (abajo). Fuente: https://commons.wikimedia.org

Las historias tradicionales del pueblo judío suelen comenzar con el relato del Éxodo, uno de los relatos bíblicos más famosos. En resumen, habla de un grupo de israelitas que vivían en Egipto y que fueron esclavizados en algún momento. Moisés los liberó conduciéndolos a través del desierto del Sinaí y a lo que sería su hogar en lo que hoy es Israel. Una parte importante de su salvación es el vínculo formado entre los israelitas y Yahvé, la deidad que adoraban. Según esta tradición, Yahvé les protegería como pueblo elegido siempre que le adorasen solo a él y obedeciesen su ley, los famosos Diez Mandamientos. Así, el Éxodo es la historia del génesis del pueblo judío, que explica cómo surgieron su religión y su nación. Como tal, durante mucho tiempo se mantuvo como una verdad inequívoca, pero los estudiosos modernos tienden a descartarla como nada más que un mito. Según varios investigadores, no hay datos arqueológicos creíbles que respalden la migración israelita desde Egipto, especialmente en cuanto a las cifras de la leyenda del Éxodo.

A pesar de ello, muchos siguen pensando que existe un fuerte vínculo entre la formación del pueblo israelita y Egipto. En los siglos XIII y XII a. C. había varios grupos de pueblos semíticos antiguos más pequeños en Egipto. Además, en esa época, Egipto gobernaba ocasionalmente sobre Canaán, la región que abarcaba las costas del Mediterráneo desde Siria hasta el Sinaí. Por otro lado, una estela egipcia fechada en el año 1208 a. C. menciona a Israel como una entidad cultural, aunque más parecida a un grupo étnico que a un estado organizado.

Así pues, aunque la mayoría de los estudiosos actuales sostienen que los israelitas eran autóctonos de la región del mar Muerto y el río Jordán, existe una gran posibilidad de que Egipto influyera en su cultura y su memoria colectiva durante la época en que se formaron. Algunos teorizan que un período de dominio egipcio opresivo formó la idea de un cautiverio, mientras que otros sugieren que algunos de los grupos semíticos ya esclavizados de Egipto lograron escapar en pequeño número y mezclarse con los israelitas. Sin embargo, a pesar de la influencia egipcia, por la lengua y la cultura de los israelitas, está claro que formaban parte del pueblo de Canaán como uno de sus subgrupos. Otro testimonio de ello es el hecho de que compartían el mismo sistema religioso.

Según los estudiosos modernos y las pruebas arqueológicas, los primeros israelitas no eran monoteístas, sino que adoraban el mismo panteón de dioses que los demás cananeos, siendo Yahvé uno de ellos. Además, algunos han afirmado que el nombre de Israel proviene del nombre de otro dios cananeo, El, aunque esto parece ser discutible, ya que más tarde, «el» se convirtió en un término genérico que significa dios. Incluso la Biblia contiene rastros de luchas entre los israelitas que estaban a favor de adorar solo a Yahvé y un grupo que estaba a favor de un panteón más amplio. Los estudiosos dudan de que el paso al monoteísmo se produjera como se describe en las Sagradas Escrituras. En cambio, piensan que fue un proceso lento en el que los adoradores de Yahvé fusionaron características de varios otros dioses como Baal y el ya mencionado El en su deidad principal. Simultáneamente, comenzaron a desechar la veneración por separado de esos dioses asimilados. Otras investigaciones muestran que otras tribus de la región siguieron un camino similar de desarrollo, lo que condujo al surgimiento de estados-nación en el Levante en el siglo IX a. C., todos con sus propias distintas deidades primarias. En general, esto indica que los israelitas no eran monoteístas desde el principio.

Sin embargo, para entonces, los lazos culturales entre los israelitas y Yahvé eran inseparables, y lo vinculaban a la historia del Éxodo. Según la tradición judía, cuando Dios eligió a los israelitas como pueblo elegido, también les prometió la tierra. Los relatos bíblicos sobre la extensión de la llamada Tierra Prometida varían, pero se cree que incluye el actual Israel y el Líbano. Según la mitología bíblica, los israelitas recibieron su tierra prometida cuando conquistaron a otras tribus cananeas/israelíes a mediados del siglo XI, creando el reino de

Israel o la Monarquía Unida. Duró hasta finales del siglo X a. C., y fue gobernado por famosos reyes míticos, como David y Salomón.

Alrededor de 930/920 a. C., se separó en el reino del Norte o reino de Samaria y el reino del Sur o reino de Judá (también escrito Judea) cuando algunas tribus se rebelaron contra el gobierno del heredero de Salomón. La historicidad de estos sucesos también es objeto de acalorados debates, ya que algunos afirman que son pura ficción y otros apoyan las escrituras. Algunas pruebas arqueológicas apoyan la noción de que existía un estado israelí organizado en esa época, pero su extensión y su historia exacta siguen siendo oscuras. Lo más probable es que los relatos bíblicos se inspiraran en hechos reales, aunque fueron enriquecidos para servir a una narrativa religiosa.

Mapa que muestra las fronteras aproximadas de los reinos del Norte (a veces también llamado Israel) y del Sur. Fuente: https://commons.wikimedia.org

Una de las historias bíblicas importantes de esa época es la construcción del Templo de Salomón, que albergaba el Arca de la Alianza. Según las Sagradas Escrituras, se convirtió en el lugar central de culto y reunión de los israelitas. Estaba situado en Jerusalén, que se convirtió en la capital de Israel durante el gobierno de David. Una vez más, la historicidad de los relatos bíblicos es cuestionable, y no se permiten excavaciones arqueológicas en la supuesta ubicación del Templo de Salomón por razones políticas y religiosas. La mayoría de los estudiosos coinciden en que probablemente existió, pero que pudo construirse más tarde, cuando Jerusalén se convirtió en una ciudad más poblada y próspera. Sin embargo, incluso esas estimaciones varían desde mediados del siglo IX hasta finales del VII a. C. Sin embargo, para el propósito de esta guía, esto es menos relevante. El punto principal es que los israelitas formaron un vínculo especial con el templo central, que destacaba tanto su devoción a Yahvé como su conexión con la Tierra Prometida.

Lamentablemente para ellos, esa conexión iba a ser cortada. Tras la división de la Monarquía Unida, Samaria, en el norte, comenzó a prosperar y se desarrolló urbanísticamente. En cambio, Judá, en el sur, permaneció relativamente subdesarrollada y escasamente poblada. Según la narración bíblica, los dos reinos siguieron enfrentándose durante un tiempo después de su separación, pero hicieron las paces a finales del siglo IX a. C. Sin embargo, hay que tener en cuenta que su grandeza, atestiguada en los textos sagrados, es engañosa, ya que eran relativamente pequeños y débiles en comparación con Egipto, en el oeste, y el Imperio neoasirio, en el este. Este último resultó ser especialmente peligroso, ya que su poderío se expandía rápidamente. A finales del siglo VIII, los asirios estaban preparados para mezclarse en las disputas israelitas. Según la narración bíblica, cuando Judá se vio de nuevo amenazada por Samaria, su rey pidió ayuda a los asirios a cambio de un tributo. Los asirios accedieron y el reino del Norte fue saqueado. Parte de sus territorios fueron anexionados. Unos años más tarde, el nuevo rey asirio volvió a Samaria y la conquistó por completo alrededor del año 720.

Tanto los registros asirios como los textos bíblicos nos dicen que parte de la población israelita de Samaria fue llevada a Asiria. Sin embargo, estas deportaciones no fueron tan amplias como suponían los primeros estudiosos. La mayoría de los israelitas se quedaron donde vivían, mientras que muchos también huyeron al sur, a Judá. Esa afluencia de población provocó en parte el crecimiento del reino del Sur, permitiendo que Jerusalén se expandiera y se convirtiera en un centro comercial más importante. Sin embargo, Judá siguió siendo solo parcialmente independiente como estado tributario del Imperio neoasirio.

Los israelitas del sur consiguieron recuperar su libertad hacia el año 640 a. C., cuando el estado asirio empezó a desmoronarse. Mientras tanto, Egipto seguía recuperándose de sus propias luchas contra el Imperio mesopotámico. Estos fueron los últimos suspiros de paz para Judá, ya que toda la región se vio envuelta en una serie de enfrentamientos hacia el año 610. Por un lado estaban los egipcios y los asirios, y por otro los babilonios, que estaban reconstruyendo su estado después de haber sido subyugados por el Imperio neoasirio. El reino del Sur decidió ponerse del lado de los babilonios, suponiendo que el otro bando estaba debilitado. Efectivamente, los babilonios consiguieron derrotarlos, pero el ejército egipcio en retirada impuso el vasallaje a Judá en el año 608.

Los israelitas volvieron a cambiar su lealtad en pocos años, cuando el naciente Imperio neobabilónico derrotó a Egipto. Esto también resultó ser efímero, ya que, en el 601 a. C., los babilonios habían sufrido una derrota que provocó una serie de rebeliones contra su dominio. Judá fue uno de los estados que dejó de pagar tributo, adoptando una postura pro-egipcia. Los babilonios se recuperaron del caos y descendieron sobre el reino del Sur en retribución, conquistando Jerusalén en 597. La ciudad fue saqueada y parte de su población fue deportada a Babilonia. Judá volvió a ser un estado vasallo. Sin embargo, los israelitas volvieron a rebelarse contra el dominio extranjero en 589, lo que provocó una respuesta babilónica decisiva. Jerusalén fue asediada, y luego fue invadida en 586. La ciudad fue totalmente saqueada y arrasada. El Templo de Salomón corrió la misma suerte. El reino de Judá estaba ahora totalmente subyugado, con sus élites deportadas junto con muchos otros israelitas. Muchos murieron en las guerras o buscaron refugio en las regiones circundantes. Esto marcó el fin de la llamada realeza davídica de los israelitas.

Pintura que representa a los babilonios tomando prisioneros judíos tras la caída de Jerusalén. Fuente: https://commons.wikimedia.org

Los textos religiosos nos ofrecen un relato de la gran destrucción y sufrimiento de la población exiliada. Sin embargo, la arqueología y otros relatos pintan una historia diferente. Según los estudiosos, no más del 25% de la población de Judea fue deportada, y solo Jerusalén sufrió una destrucción masiva. Las pruebas arqueológicas sugieren que la mayoría de los asentamientos de Judá permanecieron relativamente intactos. Además, los israelitas deportados no fueron realmente llevados a la esclavitud o maltratados de manera similar.

Simplemente fueron repoblados en Mesopotamia, donde se les permitió practicar su religión y vivir en comunidades más grandes.

Así se formó la primera diáspora judía, centrada en Babilonia y Mesopotamia. El exilio babilónico terminó cuando el Imperio persa conquistó Babilonia en el año 539 a. C. Su gobernante, Ciro el Grande, permitió a los israelitas volver a casa al año siguiente. El registro bíblico da la impresión de que este fue un acto extendido solo a los israelitas cautivos. Sin embargo, los estudiosos sostienen que los persas permitieron a los cautivos de todas las nacionalidades volver a casa. No obstante, la mayoría decidió quedarse en Babilonia y Mesopotamia, ya que allí habían formado sus nuevas comunidades.

Esto creó nuevas divisiones entre los judíos, especialmente en lo que respecta a quienes eran el verdadero pueblo elegido. Según algunos, solo los que pasaron por el exilio babilónico eran considerados auténticos. Otros pensaban que no debía haber ninguna diferencia. Luego vino la cuestión de los que volvieron a Israel y los que se quedaron en Mesopotamia. Los relatos bíblicos giran en torno a los exiliados retornados, convirtiéndolos en los vencedores de esta remodelación religiosa del judaísmo. Sin embargo, esto juega un papel menos importante en la reestructuración real del dogma y las creencias judías. La conmoción que supuso el desplazamiento y la pérdida de conexión con su patria y su pueblo impulsó a los israelitas a recopilar sus textos religiosos, que se convirtieron en la base de su fe y su identidad nacional.

Es difícil precisar la fecha exacta, pero la mayoría de los estudiosos coinciden en que la Biblia hebrea, o al menos su parte fundamental, se formó durante el siglo V a. C. Algunas partes se recogieron de los textos y relatos más antiguos, mientras que otras porciones se escribieron como adición. Con ello, los judíos estandarizaron sus rituales, tradiciones y creencias. Esto se convirtió en la base del judaísmo moderno, aunque es importante señalar que no fue una transición rápida y fácil. En el siglo V, así como muchos siglos después, la Biblia hebrea representaba solo una pequeña fracción de la comunidad israelita en su conjunto. Su ascenso al dominio fue un proceso lento y prolongado.

Sin embargo, esta transformación fue crucial. A escala teológica, marcó la transición final hacia el monoteísmo. En los siglos anteriores, los israelitas solo adoraban a Yahvé, pero no negaban la existencia de otros dioses. Así, su fe era o bien una monolatría (aceptar la existencia de otros dioses mientras se adora a uno solo) o bien un henoteísmo, en el que se señalaba a Yahvé como el dios supremo sin negar la presencia de deidades inferiores. Sin embargo, en el siglo V, el judaísmo aceptaba que solo existía un Dios, siendo los demás falsos ídolos. Estas ideas fueron reforzadas por los exiliados que regresaron, quienes también se basaron en la idea de que los judíos eran el pueblo elegido e Israel la comunidad elegida, ideas que fueron favorecidas por Yahvé. Ambas ideas crearon un grado de separación entre los judíos que regresaron y los que no fueron deportados, añadiendo un fuerte aspecto genealógico al judaísmo. Además, estas ideas permitieron a los judíos excluir a otras comunidades israelitas, como los samaritanos, de la fe «adecuada».

El exilio babilónico y la caída de la línea davídica también añadieron la idea del mesianismo al judaísmo. Se trataba de la creencia de que un único rey humano, representante de Yahvé, conduciría a los judíos a reclamar su libertad y el control de la Tierra Prometida, que quedaría entonces purificada de influencias extranjeras e impuras. Tales ideas fomentaban la resistencia al dominio exterior, por muy benigno que fuera. El gobierno persa era ciertamente del lado más benévolo, ya que hicieron de Judea (oficialmente Yehud) casi más un estado cliente que una verdadera provincia del imperio. Mientras los judíos pagasen sus impuestos y tributos, los persas los dejarían prácticamente tranquilos. No solo eso, sino que sus emperadores apoyaron y financiaron la reconstrucción del Templo de Salomón, que se conoció como el Segundo Templo. Su construcción se terminó alrededor del año 516 a. C., y volvió a ser el centro de la religión y las ceremonias judías. Esto revivió la importancia de los sumos sacerdotes, mientras que los reyes judíos comenzaron a perder su importancia. Estos últimos descendieron lentamente hasta convertirse en gobernadores y representantes cívicos. Los sumos sacerdotes se convirtieron en la principal autoridad de Judea, convirtiéndola en una forma de teocracia, aunque seguía sometida al dominio persa.

Al final, la indulgencia persa hacia los judíos les proporcionó la lealtad de Judea, sin que se registraran levantamientos importantes durante sus aproximadamente doscientos años de gobierno. Sin embargo, la región de lo que fue el reino del Sur siguió estando subdesarrollada. Jerusalén, a pesar del templo reconstruido, no era más que un pequeño asentamiento en el que vivían un par de miles de personas. En comparación, el antiguo reino del Norte florecía, y el número de samaritanos y otros cananeos, a los que la Biblia llama israelitas «incorrectos», superaba al de los judíos «correctos». Cabe señalar que esos otros israelitas también adoraban a Yahvé, pero eran excluidos por los judíos de la sociedad, que llegaron a prohibir los matrimonios mixtos con ellos. En definitiva, los judíos de Judea consolidaron su religión y nacionalidad durante el reinado persa, mientras que la diáspora siguió creciendo y expandiéndose por el imperio, llegando a Egipto y Siria.

La relativa paz y prosperidad de Judea se vieron contrarrestadas con la llegada de Alejandro Magno, quien conquistó todo el Imperio persa hacia el año 330 a. C. Su reinado fue corto, ya que murió en el 323, poniendo fin a un periodo de calma en el Levante. El imperio de Alejandro se desintegró en cuestión de años, y los estados sucesores más poderosos fueron el Egipto ptolemaico y la Siria seléucida. Estos dos estados libraron varias guerras por el dominio del Levante, incluida Judea.

Al principio, Egipto conquistó Judea, haciéndolo alrededor del año 320 a. C. Mantuvo el control sobre la región durante más de un siglo, aunque se libraron muchas campañas entre los ptolemaicos y los seléucidas por todo el Levante. Bajo el reinado egipcio, los judíos se mantuvieron relativamente satisfechos, ya que los faraones ptolemaicos les permitían libertades similares a las de los persas. Sin embargo, a finales del siglo III a. C., los gobernantes ptolemaicos instalaron nuevos impuestos y también trajeron influencias helenísticas injustificadas en sus esfuerzos por reforzar la región contra los seléucidas. Esto hizo que algunos judíos se cuestionaran su lealtad a Egipto y pensaran en alianzas con Siria.

En el año 198 a. C., Judea había sido conquistada por los seléucidas, que inicialmente mantuvieron la política indulgente hacia los judíos. Se les permitió conservar sus costumbres y su organización social. Sin embargo, esto cambió alrededor del año 175 a. C. cuando Antíoco IV Epífanes se convirtió en el rey seléucida. Trató de consolidar el vasto estado creando una sociedad cultural y religiosa más homogénea basada en los ideales helenísticos. Incluso promovió a Zeus como deidad central del reino y prohibió algunas prácticas ceremoniales locales. Por ejemplo, se prohibió a los judíos la circuncisión, que la cultura helénica consideraba una cicatriz innecesaria en el cuerpo humano.

Por supuesto, esto indignó casi inmediatamente a la población judía de Judea, provocando una rebelión abierta en el año 167 a. C. Se conoció como la revuelta de los macabeos, llamada así por su líder Judá Macabeo, que provenía de la dinastía sacerdotal asmonea. Sin embargo, es vital señalar que los seléucidas no fueron del todo opresores en el asunto. Muchos judíos ya aceptaban las influencias y la cultura helenística, construyendo gimnasios y participando en los juegos griegos. Esto llevó a algunos estudiosos a argumentar que la revuelta no iba dirigida contra los seléucidas, sino contra los judíos helenizados, mientras que el gobierno central se limitó a interferir para restablecer la paz en una de sus provincias.

Mapa que muestra la extensión de la revuelta de los macabeos. Fuente: https://commons.wikimedia.org

En cualquier caso, la lucha judía continuó durante unos seis años. Las fuerzas asmoneas emplearon tácticas de guerrilla y consiguieron infligir varias pérdidas a los seléucidas, que se encontraban desbordados en otros frentes. En el año 164, los rebeldes tomaron el control de Jerusalén, limpiando ritualmente el Segundo Templo, una ocasión de tal importancia que su celebración, conocida como Janucá, fue incluida como conmemoración permanente en el calendario judío.

No menos importante fue la creciente injerencia de la República romana, que comenzó a extender su influencia en el Mediterráneo oriental. El estado romano, cuya fundación se data tradicionalmente en el 753 a. C., comenzó a expandirse por Grecia a finales del siglo III, convirtiendo al Imperio seléucida en uno de sus principales adversarios de la época. Así, Roma ofreció su apoyo a todos los enemigos de los seléucidas, incluidos Judea y Egipto. Los romanos se ofrecieron a mediar entre los judíos y los seléucidas, llegando a formar una alianza con los primeros. Sin embargo, no se consiguió nada. En el año 160 a. C., la revuelta se extinguió tras la muerte de Judá.

A pesar de que la rebelión perdió su impulso, los judíos siguieron inquietos y desafiaron continuamente el reinado seléucida. Durante las dos décadas siguientes, continuaron su lucha contra los seléucidas. Fueron dirigidos por Jonatán Asmoneo, hermano y heredero de Judá, que demostró ser más paciente y diplomáticamente más hábil. Al principio, llegó a un acuerdo con el gobierno central, consolidando tanto su mando como la unidad de los judíos. Al mismo tiempo, esperó una oportunidad para atacar.

Esta llegó en el año 152 a. C., cuando el Imperio seléucida se vio envuelto en una guerra civil. Inicialmente, el rey seléucida reinante se dirigió a Jonatán, pidiéndole apoyo judío. Sin embargo, Alejandro Balas, el aspirante al trono, respondió con una oferta mejor. Si ganaba, los judíos obtendrían una mayor autonomía, y Jonatán actuaría como líder religioso y civil. Casualmente, Roma también apoyaba al aspirante, lo que convertía a judíos y romanos en aliados indirectos. En 150, la coalición y el pretendiente habían ganado, y Judea se transformó en un estado vasallo autónomo.

Sin embargo, el Imperio seléucida no encontró la paz después. No pasó mucho tiempo antes de que nuevos pretendientes se alzaran para desafiar el trono, continuando la guerra civil. Jonatán siguió siendo fatídico para Alejandro hasta que el gobernante seléucida fue asesinado en el año 145. En los años siguientes, Judea cambió de lealtad varias veces, ya que ninguno de los bandos que cambiaron en la guerra civil seléucida demostró ser un aliado digno de confianza. En el proceso, Jonatán también amplió el control judío mediante la anexión de tres distritos en el sur de Samaria.

Para entonces, Jonatán se dio cuenta de que la independencia de Judea solo era posible mediante una combinación de diplomacia y fuerza. Volvió a dirigirse a Roma para pedirle una alianza, pero fue asesinado en 142 antes de que pudiera concretarse. Sin embargo, su hermano y heredero, Simón Asmoneo, siguió sus pasos. El nuevo sumo sacerdote apoyó al bando vencedor en la guerra civil a cambio de una garantía de independencia de Judea. Así, en el año 141 a. C.,

Judea se había convertido de nuevo en un estado autónomo, cuyo estatus fue reconocido por el Senado romano mediante otro tratado.

Después de varios siglos de ocupaciones y dominio extranjero, parecía que los asmoneos conseguían por fin devolver la tierra elegida al pueblo elegido. Sin embargo, la rueda de la historia rara vez recorre un camino tan claro.

# Capítulo 2 - De aliados a enemigos y subyugación

A mediados del siglo II a. C., las relaciones entre romanos y judíos eran amistosas, e incluso firmaron un pacto de alianza en el que los primeros actuaban como mecenas de los segundos. Sobre papel, parecía un terreno fértil para estrechar aún más sus lazos. Sin embargo, en realidad, las dos naciones solo tenían una cosa en común: los seléucidas como enemigos. Además, confiar en la protección romana era algo que Judea acabaría pagando muy caro.

Las primeras señales de problemas llegaron varios años después de que se confirmara la independencia de Judea. Otro cambio en el trono seléucida y el fin de la guerra civil permitieron al gobierno central seléucida rechazar el acuerdo alcanzado con Simón Asmoneo. Hacia el año 135, el rey seléucida le exigió que devolviera las tierras conquistadas por los judíos fuera de Judea propiamente dicha o que pagara un cuantioso tributo como compensación. Además, la guarnición seléucida debía ser estacionada en Jerusalén, convirtiendo a Judea en un estado vasallo meramente semiautónomo. Simón se negó, y los seléucidas marcharon a la guerra. Sin embargo, Simón fue asesinado por su demasiado ambicioso yerno Ptolomeo antes de que pudiera enfrentarse a los invasores.

Su hijo y heredero, Juan Hircano, consiguió salvar el trono para la dinastía asmonea, pero en el año 134 a. C., Jerusalén fue asediada y Judea se vio obligada a pedir la paz. Considerando que la posición judía era desesperada, los términos seléucidas fueron relativamente suaves. Se estacionó una guarnición en Jerusalén, Judea tuvo que pagar a los invasores una indemnización, y tuvieron que dar rehenes como seguro. Por último, Juan tenía que pagar un tributo anual por las tierras que los seléucidas consideraban suyas, pero que estaban bajo el control de Judea. En esencia, Judea se convirtió en un estado vasallo autónomo de todos modos.

Moneda del reinado de Juan Hircano. Fuente: https://commons.wikimedia.org

La incursión seléucida fue, sin duda, un acto digno de la intervención romana si el Senado hubiera querido actuar. La vaga redacción del tratado de alianza dejó las manos libres a Roma para intervenir, y el Senado optó por permanecer inactivo, sin hacer nada para aliviar la situación de los judíos. No obstante, es probable que la existencia del pacto firmado influyera en los términos suaves de los seléucidas, al menos en cierta medida. Es más que probable que no quisieran enemistarse con los romanos más de lo necesario, ya que el tratado les permitía intervenir a su antojo. Como los seléucidas también estaban luchando contra los partos en el este en ese momento, una guerra con Roma sería devastadora.

Esa misma guerra también influyó en la indulgencia de los seléucidas hacia Judea. Los seléucidas querían algún tipo de acercamiento con los judíos, ya que aseguraría su retaguardia de nuevos disturbios. A pesar de ello, Juan no tenía intención de seguir siendo un súbdito seléucida obediente. Mientras su señor luchaba en el este, comenzó inmediatamente a reconstruir su ejército, empleando tanto tropas judías como mercenarios extranjeros. Todo lo que necesitaba era una oportunidad para actuar.

Las circunstancias pronto se alinearon a favor de Juan. En el año 129, el rey seléucida murió en la batalla con los partos, dejando a dos contendientes al trono para que lucharan entre ellos. Otra guerra civil asoló el reino heleno durante casi veinte años, con no menos de cuatro pretendientes que se intercambiaron el trono. Además, los seléucidas se enfrentaban continuamente a la amenaza parta, así como a las periódicas hostilidades egipcias.

Al principio, Juan se contentó con recuperar la independencia, ya que ninguno de los pretendientes tenía fuerza suficiente para someter a Judea al dominio seléucida. Sin embargo, en el año 113 a. C., los judíos estaban seguros de que sus antiguos amos se encontraban en una posición debilitada, lo que les permitió expandir su estado fuera de Judea propiamente dicha. El primer objetivo fue Samaria, que cayó fácilmente ante el ejército mercenario de Judea.

Al tratar de asegurar la conquista, Juan se dirigió inmediatamente a Roma, pidiendo el reconocimiento de las reivindicaciones judías. Roma aceptó implícitamente. El Senado reconoció los derechos de Judea sobre la provincia, pero no reconoció expresamente su legitimidad, renovando al mismo tiempo el tratado de alianza anterior.

Sin embargo, pronto quedó claro que los romanos no estaban dispuestos a cumplir sus palabras. Los samaritanos no tardaron en pedir ayuda a los seléucidas, que estaban ansiosos por cumplir. Mientras Juan luchaba contra ellos, pidió ayuda a Roma. En respuesta, el Senado envió una carta en la que pedía al rey seléucida que devolviera las ciudades capturadas y que no perjudicara a los judíos, que eran aliados de Roma. Sin embargo, no había amenazas ni ultimátum, por lo que no eran más que palabras sin valor en un trozo de pergamino.

Por suerte para Juan, el ejército seléucida se extendió por varios campos de batalla, y las fuerzas de Judea pudieron derrotar a los pequeños contingentes enviados contra ellos. En los años siguientes, completaron su conquista de Samaria, destruyendo en el proceso el templo samaritano a Yahvé. Para los judíos, solo podía existir un templo a Dios, el de Jerusalén. Esto demostró ser la ruptura final entre las dos naciones israelitas. Juan también conquistó Edom (también conocida como Idumea), una región al sur de Judea, así como partes de la región de Transjordania en la orilla noreste del mar Muerto.

Gracias a estas guerras, Juan duplicó con creces el tamaño del Estado de Judea, dándole de nuevo acceso a la costa mediterránea. Sin embargo, lo más importante es que Juan adoptó una política de imposición de las costumbres judías y del judaísmo a los pueblos no judíos bajo su reinado, sobre todo a los edomitas. Esto desempeñaría un papel crucial en el desarrollo posterior de la historia judía, pero también ayudó a cimentar el estatus de Juan en Judea, ya que la mayoría de las élites religiosas y los ciudadanos comunes alabaron sus acciones.

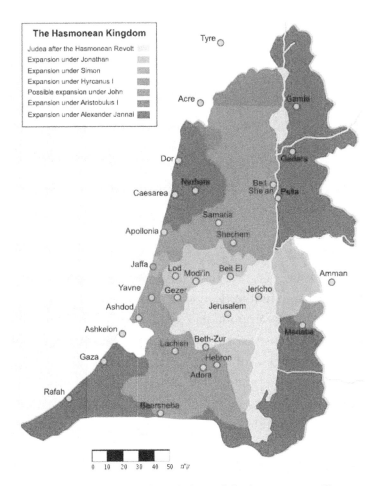

Un mapa que representa el crecimiento del reino asmoneo. Fuente:
https://commons.wikimedia.org

Sin embargo, aunque la mayoría de los judíos estaban satisfechos con la expansión de su estado y su religión, había una creciente división entre ellos sobre el futuro de ambos. Por un lado estaban los saduceos, cuyo nombre posiblemente proviene de la palabra hebrea que significa ser correcto o justo. Esta facción estaba más preocupada por el estado nacional, ya que querían fusionar las influencias cosmopolitas con la herencia tradicional de su religión. Sus adversarios eran los fariseos o los separatistas, un grupo centrado en los tradicionalistas y los sacerdotes. Abogaban contra las influencias helenísticas y se centraban más en la religión que en el Estado y la nación. Muchos de ellos abogaban por la separación de la autoridad religiosa y cívica que tenían los asmoneos, pues temían que la política distorsionara la religión propia. Además, creían que el Estado solo existía para proteger y facilitar la vida religiosa judaica. Juan trató de mantener satisfechas a ambas partes, pero naturalmente se inclinó más hacia los saduceos. No obstante, decidió transigir con los fariseos a título póstumo. En lugar de renunciar a su título sacerdotal en vida, Juan lo legó en su testamento a su hijo mayor, Judá Aristóbulo, mientras que su esposa debía heredar su corona principesca.

A pesar de los deseos de Juan, tras su muerte en el 104 a. C., Judá se apoderó de ambos títulos para sí mismo, encarcelando a su madre y hermanos para asegurar su reinado. Además, Judá tuvo cuidado al tratar con los fariseos, cuyo apoyo creció entre los plebeyos. A pesar de ello, su reinado se vio truncado. Después de conquistar Galilea en el año 103, cayó enfermo y murió, probablemente por causas naturales. Durante su breve gobierno, Judá consiguió no solo expandir Judea, sino también proclamarse rey. Esto iba en contra de las costumbres judías, ya que solo el linaje davídico podía conservar el título. Para evitarlo, Judá se autoproclamó rey en las regiones no judías de su reino.

Tras su prematuro fallecimiento, el estado quedó en manos de su hermano menor Alejandro Janneo (Yannai), quien, según la ley judía, se casó con la viuda sin hijos de su hermano. A diferencia de su hermano mayor, Alejandro no mostró ninguna preocupación por las divisiones religiosas y políticas dentro de Judea. Se puso totalmente del lado de los saduceos y sus costumbres helenizadas, proclamándose rey en todas las tierras. El principal objetivo de Alejandro era la expansión del Estado y de su poder.

Su reinado comenzó de forma poco propicia, ya que su ataque a la ciudad de Ptolemais (la actual Acre) se vio frustrado por la intervención del reino chipriota, gobernado por uno de los ptolemaicos exiliados. El ejército chipriota desembarcó en Palestina y comenzó a conquistar las ciudades de Judea. Al ver estos acontecimientos como una amenaza, el Egipto ptolemaico intervino, ahuyentando a los chipriotas. Según los relatos antiguos, Judea se salvó del sometimiento cuando los judíos egipcios suplicaron su salvación.

Alejandro continuó con sus planes expansionistas, obteniendo el control de la región de Transjordania, la zona al sur y sureste del mar Muerto, así como algunas ciudades costeras, sobre todo Gaza. Con ello, Judea obtuvo el control de las rutas comerciales terrestres afroasiáticas. Esto hizo que Alejandro Janneo entrara en conflicto directo con el vecino reino nabateo, centrado en la famosa ciudad de Petra. Hacia el año 94 a. C., las fuerzas de Judea fueron derrotadas por los nabateos, lo que obligó a Alejandro a huir a Jerusalén.

La pérdida de un ejército no solo permitió a los nabateos anexionar regiones fronterizas más pequeñas, sino que también provocó un levantamiento abierto de los fariseos. Los tradicionalistas ya estaban indignados por la ceremonia saducea de Alejandro durante una de las fiestas judías más importantes, y se habían amotinado en las calles de Jerusalén en los años anteriores. Por eso, cuando sintieron que Alejandro estaba vulnerable, se rebelaron abiertamente. Las dos fuerzas enfrentadas lucharon durante un par de años, y los fariseos se negaron a negociar incluso cuando Janeo se sintió suficientemente amenazado. Sin embargo, Alejandro pudo reunir nuevas tropas mercenarias y recuperar la ventaja.

Temiendo estar a punto de ser aplastados, las partes extremistas de los fariseos pidieron ayuda a los seléucidas. Estaban más que dispuestos a complacerlos, ya que veían la oportunidad de recuperar su control sobre Judea. El ejército de Alejandro era casi la mitad del ejército rebelde seléucida y judío, por lo que su derrota en el 88 a. C. no fue sorprendente. Sin embargo, una vez que las tropas asmoneas se dispersaron por las colinas, muchos de los judíos se dieron cuenta de que su traición ponía en peligro la independencia judía. Unos seis mil guerreros fariseos cambiaron de bando, y la opinión pública se decantó por Alejandro. Este cambio fue suficiente para que los seléucidas se retiraran, ya que temían una campaña prolongada. Tras la marcha de los seléucidas, Janneo se ocupó del resto de los fariseos. Algunos fueron ejecutados, mientras que otros fueron exiliados. Su influencia en Judea quedó casi anulada.

Tras sofocar la rebelión, Alejandro volvió a librar guerras ofensivas, ampliando aún más las fronteras de Judea en Transjordania y judaizando la región en el proceso. Janneo gobernó y guerreó casi sin descanso durante unos veintisiete años, sucumbiendo a una enfermedad en el 76 a. C. De acuerdo con sus deseos, su viuda Salomé Alejandra heredó el trono, pero como mujer, no se le permitió servir como sumo sacerdote. Así, finalmente, la autoridad civil y religiosa en Judea quedó dividida, ya que Salomé nombró a su hijo mayor Hircano como líder espiritual.

Esto sembró las semillas de nuevas luchas internas. El nuevo sumo sacerdote era cercano a los fariseos, que volvieron a tener protagonismo rápidamente tras la muerte de Janneo. Salomé actuó con prudencia ante la fuerte oposición. Llegó a algunos acuerdos políticos con ellos, permitiéndoles el control de los asuntos domésticos, mientras que ella seguía siendo la autoridad incuestionable de los asuntos exteriores. Sin embargo, tal acuerdo no era del todo satisfactorio para los fariseos, que querían el control total. Por el contrario, los saduceos se sentían amenazados, y se dirigieron al hijo menor de Salomé, Aristóbulo, en busca de ayuda y protección. Como persona ambiciosa, el joven príncipe aceptó, con la esperanza de que su lealtad le aportara más influencia en la política de Judea.

Durante todo este tiempo, Roma siguió acercándose a Judea. A finales de siglo, el Senado empezó a apoyar gradualmente la idea de la expansión hacia el este, lo que llevó a guerras en Asia Menor. A pesar de tener sus propias luchas internas y rebeliones, los romanos expandieron lentamente su influencia hacia Siria. Por desgracia para Judea, tanto Alejandro como Salomé se mantuvieron neutrales hacia Roma, dejando sin renovar el antiguo tratado de alianza. Ambos esperaban que su estado fuera lo suficientemente fuerte como para preservar su independencia mediante la fuerza y la defensa.

Sin embargo, con el aumento de las fricciones internas, Judea se convirtió en objetivo de la invasión extranjera. El primero en intentar aprovecharse de la situación fue el rey armenio Tigranes II, que se hizo con el control de Siria a finales de los años 80. Alrededor del año 70 a. C., intentó avanzar hacia Judea, pero fue detenido cuando se involucró en una guerra contra Roma como aliado del reino del Ponto. Las legiones romanas salieron victoriosas y expulsaron a los armenios de Siria. Sin embargo, en lugar de tomar el control directo de la región, el Senado instaló en el trono a un rey seléucida, convirtiendo a Siria en un estado vasallo títere durante unos años.

Mientras los romanos se acercaban cada vez más, los judíos seguían debilitándose debido a las divisiones internas. Una relativa tregua entre las dos facciones duró hasta que Salomé murió en el año 67 a. C. La sucedió Hircano, que se convirtió oficialmente en Juan Hircano II. Sin embargo, Aristóbulo consideró que era más adecuado para el papel de rey. Se rebeló con el apoyo de la aristocracia, los generales del ejército y los saduceos. Hircano contaba con el apoyo del público y de los fariseos, pero resultó insuficiente, quizá por su carácter manso. Aristóbulo logró la victoria cuando sus ejércitos se enfrentaron, lo que llevó a los dos hermanos a negociar una paz para evitar una prolongada guerra civil. Hircano aceptó su derrota, dejando la corona real a su hermano menor. En cuanto al cargo de sumo sacerdote, las fuentes son contradictorias. Algunas afirman que Hircano conservó ese cargo, mientras que otras mencionan que Aristóbulo también lo asumió.

Sin embargo, el reinado de Aristóbulo II estaba lejos de ser seguro. Aunque su hermano era una persona débil e impresionable, cayó rápidamente bajo la influencia de uno de sus consejeros, Antípatro de Idumea, cuya familia había sido gobernadora de la provincia desde la época de Janeo. Como los idumeos habían sido judaizados apenas unas décadas antes, en general eran vistos como extranjeros en

Jerusalén, pero Antípatro soñaba con tomar el control de Judea a través de Hircano.

Ilustraciones modernas que representan a Hircano II (arriba) y Aristóbulo II (abajo). Fuente: https://commons.wikimedia.org

Antípatro consiguió convencer a Hircano de que su vida corría peligro, y escaparon a Nabatea. Allí, Antípatro consiguió una alianza y atacó a Aristóbulo. Lograron sitiarlo en Jerusalén. Aristóbulo solo tenía a los romanos como aliados. Para entonces, Pompeyo el Grande recibió el mando de las fronteras romanas orientales. Demostró ser más decidido y capaz que sus predecesores. Finalizó la guerra contra Armenia y el Ponto y, de paso, decidió cómo enfrentarse también a Siria y Judea. Pompeyo se dio cuenta de que Partia, en el este, era la principal amenaza en esa parte del Estado romano, lo que le llevó a crear unas fronteras más seguras protegidas por una zona de amortiguación de estados clientes estables. Por ello, cuando Aristóbulo acudió a él pidiendo mediación y apoyo, se creó la oportunidad perfecta para remodelar la región según sus planes.

En un principio, los romanos apoyaron a Aristóbulo, mientras que Pompeyo continuó transformando la Siria seléucida en una provincia romana hacia el año 64 a. C. Luego se ocupó de los nabateos, cuyo poder había aumentado demasiado con la decadencia de los seléucidas. Finalmente, fijó su atención en Judea. Al enfrentarse a Pompeyo, Aristóbulo mostró demasiadas agallas, lo que hizo que el general romano se pusiera finalmente del lado de su hermano más débil. Antípatro tuvo mucho que ver en esto, ya que abogó continuamente por Hircano.

Sin embargo, el hermano menor no estaba dispuesto a caer sin luchar. Intentó organizar una resistencia, pero pronto se dio cuenta de que el poder romano era demasiado grande y se rindió. Aristóbulo fue llevado a Roma como prisionero, pero el resto de los saduceos se refugiaron en el templo, temiendo las represalias de los fariseos y de las legiones romanas. Su última resistencia fue tan inútil como sangrienta, y dio lugar a la victoria de Hircano a mediados del año 63 a. C.

Sin embargo, la intervención de Pompeyo tuvo un gran precio. Judea fue despojada de todas las conquistas anteriores, dejando solo Judea propiamente dicha y Galilea, así como partes de Samaria e

Idumea. Quedó más o menos con el tamaño que tenía un siglo antes. Además, se abolió la realeza y todas las obligaciones cívicas se entregaron al gobernador romano de Siria, convirtiendo a Judea en un pequeño estado vasallo sin salida al mar. Lo peor de todo es que la victoria no les costó casi nada a los romanos.

En los años siguientes, el papel de Hircano siguió disminuyendo, y Antípatro fue saliendo de las sombras. Pronto se dio cuenta de que su futuro estaba ligado sobre todo a los romanos, por lo que se esforzó en impresionarles con su lealtad. Por el contrario, la mayoría de los judíos, incluso los fariseos, pronto comenzaron a lamentar la pérdida de su independencia. Por ello, en el año 57 a. C. se unieron rápidamente al hijo de Aristóbulo, Alejandro, cuyo levantamiento contra Hircano fue sofocado solo con la intervención romana. Esto hizo que el gobernador sirio reformara el Estado de Judea. Siguiendo la práctica romana de «divide y vencerás», dividió el estado judío en cinco distritos separados, con sus propias capitales y órganos de gobierno conocidos como Sanedrín (asamblea o consejo). Con ello, Hircano perdió sus últimos vestigios de poder cívico, conservando únicamente un papel religioso en la sociedad. Las reformas resultaron bastante inútiles.

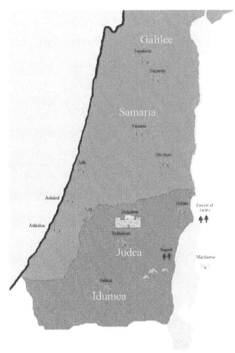

Mapa de Judea tras la anexión de Pompeyo (arriba) y busto de Pompeyo el Grande (abajo). Fuente: https://commons.wikimedia.org

Aristóbulo consiguió huir de Roma y organizar otro levantamiento al año siguiente. Fue derrotado rápidamente, pero demostró que la división del estado no estaba funcionando, al menos no todavía. Luego, en el 55 a. C., Alejandro intentó organizar otra revuelta. Intentó aprovechar que las tropas romanas de Siria estaban atadas en Egipto, ocupándose de las cuestiones dinásticas ptolemaicas. Antípatro fue el primero en regresar, y erosionó la insurrección de Alejandro al convencer a algunos de sus seguidores de su inutilidad. El resto fue derrotado fácilmente con la llegada de los romanos. Como recompensa por sus servicios, a Antípatro se le concedió el control del gobierno cívico de Judea, aunque se mantuvo la división administrativa anterior. Así, en esencia, se convirtió en un rey de Judea sin corona.

La lealtad de Antípatro pronto fue puesta a prueba. En aquella época, el Estado romano se había mantenido estable gracias al equilibrio de poder del Primer Triunvirato, una alianza informal entre Pompeyo, Julio César y Marco Craso. El frágil acuerdo se destruyó tras la muerte de Craso y una fallida campaña contra Partia. Algunos de los judíos esperaban que un contraataque de los partos les permitiera deshacerse del yugo romano, pero fue detenido por su guarnición en Siria. Sin embargo, César y Pompeyo no tardaron en enfrentarse, iniciando una guerra civil romana en el 49 a. C.

Al principio, Antípatro e Hircano se pusieron del lado de Pompeyo, quien huyó a Oriente, mientras que César intentó sin éxito arrancarle el apoyo de Judea enviando a Aristóbulo y sus hijos. César ganó rápidamente la superioridad en el conflicto, y Pompeyo perdió la vida a finales del 48 a. C. En este momento crítico, Antípatro cambió de bando, junto con Hircano, e incluso consiguió salvar la vida de César en Egipto.

Esto causó algunos problemas en el 47 a. C. cuando César tuvo que elegir quién gobernaría Judea. Por un lado estaba el partido de Aristóbulo, encabezado por su único hijo superviviente Antígono; por otro, Antípatro e Hircano. Aunque los primeros habían sido leales desde el principio de la guerra civil, su facción era claramente más problemática y resistente al control de Roma. Antípatro había demostrado su lealtad a los romanos a lo largo de los años. Su lealtad a Pompeyo estaba justificada a sus ojos, ya que Pompeyo había sido un representante legal de Roma.

Al final, César concedió a Hircano el título hereditario de etnarca, líder del pueblo judío sin corona, mientras que Antípatro se convirtió en su primer ministro. Además, a Antípatro se le concedió la ciudadanía romana, así como el cargo romano de procurador, lo que significa que se le encargó la recaudación de impuestos en Judea. Además, a Judea se le concedió un único puerto, y los judíos de todo el estado romano quedaron exentos del servicio militar. Por último, se concedió a Judea plena autonomía local y libertad religiosa. En general, esto significaba que Judea era ahora un estado cliente en lugar de una provincia, un estatus favorable dentro de lo que poco a poco se estaba convirtiendo en el Imperio romano.

Para la mayoría de los judíos, esto era aceptable; era lo más que podían esperar en el mundo mediterráneo, que estaba innegablemente dominado por los romanos. Sin embargo, había algunos que seguían sin gustar del sometimiento, especialmente entre la aristocracia y lo que quedaba de los saduceos. Su descontento se vio agravado por el hecho de que su gobernante oficial, Hircano, no era más que un mero títere de Antípatro. Se le seguía viendo como un extranjero y no como un judío «propiamente dicho», y representaba el gobierno romano sobre Judea.

# Capítulo 3 - Rebeliones y aniquilación

La obtención de un estatus especial en el mundo romano supuso un trato preferente para Judea y los judíos, y aparentemente trajo la tan necesaria paz y estabilidad. Sin embargo, no duraría mucho, ya que la propia Roma atravesaba nuevas turbulencias.

El breve respiro de las guerras y la destrucción duró mientras César estaba vivo. En ese breve período, Antípatro consolidó su posición en Judea, así como su lealtad al estado romano. Su hijo mayor, Herodes, pasó a ser funcionario romano fuera de Judea, mientras que a su hijo menor, Fasael, se le dio un puesto dentro del estado de Judea. Por supuesto, Antípatro y sus hijos seguían teniendo muchos enemigos entre los judíos, que nunca olvidaron su origen idumeo. La relativa tranquilidad de la región se desvaneció con el asesinato de César en el año 44 a. C. El Estado romano se sumió en el caos y los partidarios de César persiguieron a sus asesinos. Antípatro y sus hijos, como antes, se mantuvieron fieles a los representantes locales del dominio romano. En ese momento, esos eran Bruto y Casio, dos de los asesinos de César. Sin embargo, uno de los rivales personales de Antípatro en la corte de Hircano lo envenenó en el año 43 a. C. A Herodes le correspondió cumplir las ambiciones de su padre.

Al igual que su padre, Herodes reforzó su posición mediante su lealtad a Roma, independientemente de quién la gobernara. Así, con la victoria del Segundo Triunvirato, formado por Octavio Augusto, Marco Antonio y Marco Lépido, sobre los asesinos de César, Herodes cambió rápidamente de bando. Juró lealtad a Antonio, a quien se le concedió el control de las provincias orientales de Roma. Debido a su lealtad a Roma, Antonio puso a Herodes y a Fasael bajo la soberanía nominal de Hircano. Casi al mismo tiempo, Herodes se casó con la nieta de Hircano, Mariana, lo que le acercó al trono, que estaba sin heredero.

Sin embargo, sus planes se vieron truncados por una invasión parta en el año 41 a. C.; los partos pretendían aprovechar la debilidad romana y expandirse hacia el oeste. Tras conquistar Siria, también se hicieron con el control de Judea, entregándoselo al último hijo vivo de Aristóbulo, Antígono. Herodes logró escapar, pero su hermano e Hircano fueron capturados. A este último le cortaron la oreja, lo que le impidió conservar su cargo de sumo sacerdote. Fasael fue asesinado.

Con ello, Antígono se convirtió en el rey de Judea, mientras que Herodes se dirigió a Roma para pedirle directamente su apoyo. En el año 40 a. C., el Senado optó por apoyarle, aceptando que llevara también el título real en respuesta a la restauración del reino de Judea por parte de Antígono. Desde el punto de vista romano, supuso otro aliado contra los partos, mientras que a los ojos de los judíos, sobre todo de los fariseos, significó la división final del dominio cívico y religioso. Herodes no era asmoneo, por lo que no podía ser sumo sacerdote. Esto aseguró la división del poder en el estado, que también iba a favor de la doctrina de Roma de «divide y vencerás». Además, el pueblo de Judea estaba cansado de las constantes luchas dinásticas asmoneas, dando a Herodes un apoyo público al menos parcial. Sin embargo, el apoyo romano seguía siendo infructuoso mientras su atención se centraba en los partos. Esto dejó a Herodes prácticamente solo.

Por suerte para él, los partos no ayudaron a Antígono en su lucha contra los romanos. Durante un tiempo, los dos bandos quedaron en un punto muerto, ya que Herodes conquistó Galilea y Samaria, y Antígono permaneció en Jerusalén. La situación cambió en el año 38 a. C., cuando Partia se puso de rodillas, dejando a los romanos con fuerzas para ayudar a Herodes. Antígono intentó derrotar a Herodes antes de que llegaran los refuerzos, pero a finales del 37 a. C. fue finalmente derrotado. La dinastía asmonea había terminado, y Herodes se convirtió en el rey de Judea y en vasallo de Roma.

Monedas de Herodes (arriba) y una ilustración medieval que representa a Herodes entrando en Jerusalén en el 37 a. C. (abajo). Fuente: https://commons.wikimedia.org

Sin embargo, la posición de Herodes estaba lejos de ser segura. Internamente, se enfrentaba a un desafío de Alejandra, su suegra, que abogaba por que su hijo Aristóbulo, nieto de Hircano II, se convirtiera en el sumo sacerdote como asmoneo. Externamente, el rey se enfrentaba a Cleopatra VII, la famosa gobernante ptolemaica y esposa de Marco Antonio. Ella quería restaurar el Egipto ptolemaico a su antigua gloria, lo que incluía el control de Judea.

Desgraciadamente para Herodes, las dos lograron encontrar un terreno común contra él. Aunque intentó otorgar el alto sacerdocio a otro candidato menos prominente, Alejandra y Cleopatra le obligaron a reconsiderar su decisión, utilizando el poderío romano de Antonio como palanca. Al principio, Herodes accedió, pero luego se dio cuenta de que el joven Aristóbulo era demasiado peligroso. Hizo que lo mataran, lo que provocó la ira de Marco Antonio. Sin embargo, el general romano estaba enredado en otra guerra parta, por lo que no podía actuar con demasiada dureza. Después de todo, Roma necesitaba estabilidad en su estado vasallo de Judea, sobre todo porque los partos estaban ganando.

Ahora, Herodes temía que el anciano Hircano pudiera suponer una amenaza, ya que seguía vivo en Partia. Consiguió convencerle de que volviera a Judea, tras lo cual lo hizo ejecutar también. Así, la amenaza asmonea quedó eliminada.

Sin embargo, Cleopatra siguió siendo hostil. Siguió conspirando contra Herodes mientras estaba en la corte de Antonio, el cual estaba ahora mayormente acampado en Alejandría. La fortuna sonrió al rey de Judea cuando Octavio encontró motivos suficientes para enfrentarse a Antonio. El Segundo Triunvirato se disolvió en el 37 a. C. con la caída de Lépido, que desafió imprudentemente a Octavio. Así, a partir de entonces, solo Marco Antonio y Octavio compartieron el control de Roma.

Pero las diferencias entre ellos siguieron aumentando. No menos importante fue el hecho de que Antonio dejara a la hermana de Octavio por Cleopatra. Hacia el 32 a. C., Octavio decidió actuar, proclamando que Antonio actuaba como un déspota oriental y que estaba bajo los encantos de Cleopatra. Fue llamado a Roma y se declaró la guerra a Egipto. Marco Antonio, respaldado por Cleopatra, decidió enfrentarse a Octavio. Sin embargo, al prepararse para la guerra, obligó a Antonio a abstenerse de pedir refuerzos a Herodes, temiendo que su marido quedara demasiado endeudado para que pudiera realizar sus sueños ptolemaicos.

Como ambos perdieron la guerra contra Octavio, la apuesta de Cleopatra resultó vital para Herodes. No participó activamente en el enfrentamiento, lo que le facilitó el cambio de lealtades cuando quedó claro que Antonio había sido derrotado. Octavio aceptó sus lealtades, y en el año 30 a. C., el trono de Herodes estaba más seguro que nunca. Judea incluso recibió algunas expansiones territoriales por su lealtad a Roma. Especialmente beneficioso para Herodes fue el hecho de que Octavio se convirtiera en el primer emperador romano, aunque todavía se escondía tras el título republicano de *Princeps Civitatis* («Primer ciudadano»). No solo se había finalizado la transformación de Roma en un imperio, sino que su señor era también su gobernante indiscutible. Mientras Herodes se mantuviera en gracia de Octavio, estaba a salvo.

Durante la mayor parte de su reinado, el rey de Judea lo consiguió; en un momento dado, incluso se ganó el título honorífico de «amigo y aliado del pueblo romano». Cayó en desgracia durante un breve periodo de tiempo cerca del final de su gobierno, cuando entró en un conflicto fronterizo con el reino nabateo. Octavio, que para entonces había recibido oficialmente el sobrenombre de Augusto, fue informado erróneamente que Herodes actuaba por su cuenta. Sin embargo, más tarde se dio cuenta de que estaba equivocado, y volvió a aceptar a Herodes bajo su ala.

En lo que respecta a los asuntos internos, Herodes expandió el estado de Judea al máximo, construyendo fortalezas y diversos proyectos públicos, cultivando la agricultura y el comercio, y trayendo algo de paz efímera a sus tierras. Sin embargo, a la mayoría de los judíos les desagradaba él y su gobierno. Se le consideraba un perro faldero romano, más idumeo y converso que propiamente judío, y un agresor que derrocó a la dinastía legítima. A cambio, Herodes gobernó con puño de hierro, lo que hizo que el pueblo le tuviera aún más antipatía.

A pesar de que Herodes hizo gala de una gran capacidad de gobierno en ocasiones, por ejemplo, aliviando la hambruna, no pudo ganarse al pueblo para su lado. Su intento más notable de reconciliación con sus súbditos fue la reconstrucción y ampliación del Segundo Templo. Para entonces, era un edificio obsoleto, muy por debajo del nivel del Estado de Judea, y quería reconstruirlo. Como muestra de buena voluntad, aceptó que el Segundo Templo se construyera como el sacerdote considerara oportuno y que él solo financiaría las obras. Esto estaba en línea con su política general hacia los fariseos, en la que dejaba la vida religiosa en sus manos. Cabe destacar que los saduceos habían sido eliminados en su mayoría para entonces, ya que eran los últimos partidarios de los asmoneos. A pesar de esta cuidadosa política, Herodes nunca consiguió un mayor apoyo de los fariseos, ya que también introdujo algunos aspectos de la cultura y la vida grecorromana, principalmente en forma de juegos de arena y educación.

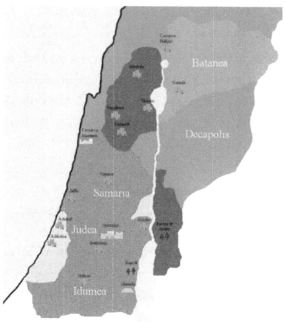

Mapas que representan el reino de Herodes en su mayor extensión (arriba) y la división de su estado entre sus herederos (abajo). Fuente: https://commons.wikimedia.org

A pesar de ello, se le recuerda como Herodes el Grande, ya que sus éxitos y capacidades son bastante claros. Sin embargo, siguió siendo un gobernante inseguro y bastante paranoico, aunque, hasta cierto punto, siempre hubo alguna amenaza contra su vida. Parece que lo que más le asustaba era su propia familia, que no dejaba de maquinar. Como Herodes tenía muchos hijos de diferentes matrimonios, su herencia se convirtió en un problema de división a medida que envejecía. Para aumentar la confusión, tanto su hermano como su hermana también trataron de aprovechar las posibilidades para ellos y sus hijos. El resultado final de estas diversas maquinaciones e intrigas de la corte fue que ejecutó a sus tres hijos mayores tras ser acusados y juzgados por traición. El hermano de Herodes escapó de un destino similar al sucumbir a la enfermedad antes de que pudiera ser enfrentado. Este ciclo de conspiraciones familiares fue alimentado en parte por la paranoia de Herodes, pero sus temores no eran infundados.

Al final, puso al reino de Judea en un estado bastante inestable. Con su último aliento en el año 4 a. C. (aunque algunos historiadores fechan este acontecimiento en el año 1 a. C.), Herodes decidió dividir su reino en cuatro dominios más pequeños. A su hermana le tocó uno, mientras que el resto se lo dio a sus hijos adolescentes supervivientes.

Octavio accedió a cumplir los deseos de Herodes, aunque se negó a dar el título real a Arquelao, su hijo mayor superviviente y el gobernante de Judea propiamente dicha, Samaria e Idumea. Fue coronado como etnarca, el líder de los judíos, pero se enfrentó a una fuerte oposición, ya que se le consideraba un gobernante aún más despótico que su padre. Arquelao consiguió unir a los judíos y samaritanos en una causa común contra él. Finalmente, en el año 6 de la era cristiana, le acusaron de haber contraído un matrimonio ilegal con la esposa de su hermano fallecido. Esta fue la gota que colmó el vaso para Augusto, quien, en su vejez, se había obsesionado con la decadencia moral del imperio. Arquelao fue depuesto y exiliado de

Judea, mientras que sus dominios fueron incorporados al imperio como provincia, algo que muchos judíos habían pedido tras la muerte de Herodes.

Unos años más tarde, la hermana de Herodes también falleció, permitiendo que su pequeño reino costero se incorporara a la provincia de Judea. Los dos hermanos menores de Arquelao consiguieron conservar sus dominios durante mucho más tiempo. El más joven, Filipo, gobernó los Altos del Golán y parte de la actual Siria meridional hasta su muerte en el año 34 de la era cristiana. El tercer hermano, Antipas, gobernó Galilea y Perea hasta el año 39, cuando fue depuesto por el emperador romano Calígula.

Sin embargo, con la caída del dominio de Arquelao, el pueblo judío perdió su independencia, que tanto le había costado conseguir. A pesar de que deseaban estar bajo el dominio romano, lo aceptaron con hostilidad. Parece que los plebeyos no estaban preparados para los nuevos impuestos que suponían ser súbditos directos de Roma. Además, los romanos llevaron a cabo su habitual política de censos, contando a los súbditos para crear estadísticas para los impuestos. Los romanos no eran conscientes de que la ley bíblica proscribía una forma diferente de censo, lo que convertía la cuestión en algo tanto económico como religioso. El resultado final fue una breve rebelión, que fue rápidamente sofocada por las legiones imperiales. Este fue el comienzo de un nuevo tipo de animosidad hacia los romanos, y creó una facción más radicalizada entre los fariseos conocida como los zelotes. A diferencia de sus hermanos más pasivos y complacientes, los zelotes abogaban por una resistencia activa hacia el dominio extranjero.

Sin embargo, al principio, la provincia de Judea se mantuvo relativamente pacífica. A su cabeza había un procurador, un funcionario de menor rango, que indicaba el estatus inferior de la provincia en su conjunto. Estaba sometida extraoficialmente al legado imperial en Siria, a pesar de que los procuradores de Judea tenían independencia en asuntos judiciales, militares y financieros.

Oficialmente, el representante romano en Judea respondía directamente ante el emperador.

Aparte del control general y la fiscalidad de la provincia, los romanos estaban más que dispuestos a dejar la mayor parte de las leyes locales, las costumbres, el gobierno y la burocracia en manos de los judíos. Sin embargo, dividieron la provincia en una docena de distritos. Con este arreglo, las autoridades locales vieron ampliados sus poderes, lo que significaba que tenían más influencia que bajo Herodes. Además, los romanos se abstuvieron de interferir en la religión judía en su mayor parte. Con ello, el sumo sacerdote volvió a ser la figura principal entre los judíos, mientras que el Sanedrín de Jerusalén se convirtió en el tribunal principal para todos los asuntos religiosos. Además, la mayoría de los procedimientos judiciales eran realizados por funcionarios locales. Solo la pena capital se dejaba a la discreción del procónsul, aunque también tenía derecho a interferir en otros juicios si lo consideraba necesario. Otro escollo era el hecho de que los romanos aceptaban la costumbre de nombrar al sumo sacerdote, que había sido iniciada por Herodes. Por supuesto, esto irritaba a algunos judíos, pero desde la perspectiva romana, era su tradición local.

En general, los judíos y Judea estaban lejos de ser oprimidos y explotados, pero el resentimiento de la población local crecía lentamente. Al igual que sus predecesores, a los hebreos del siglo I les disgustaba ser gobernados por los extranjeros, pues creían que Israel y los israelitas estaban destinados por Dios a ser libres.

El cambio de la política general romana empeoró las cosas. La nación romana era grande y diversa, y buscaba estar unida bajo la veneración común de sus emperadores. Esto era inaceptable para los judíos, cuya regla principal era la adoración exclusiva de Yahvé. Además, a partir del reinado del emperador Tiberio, se produjo una creciente intolerancia hacia las religiones orientales, ya que algunos de sus miembros defraudaban a los romanos ricos. El resultado más notable de estos acontecimientos fue que todos los judíos del imperio perdieron el estatus benéfico otorgado por el César, que los hacía elegibles para el servicio militar. En un principio, esto no supuso una gran diferencia para los judíos de Judea, ya que sus vidas no se vieron alteradas. Sin embargo, supuso un cambio en la política romana. Los primeros momentos de fricción se produjeron cuando Poncio Pilato fue nombrado procurador de Judea alrededor del año 27 de la era cristiana.

Pilato mostró poca preocupación por la individualidad judía, rozando el desprecio. Estaba decidido a asimilarlos aún más al imperio forzando la veneración imperial. Profanó las ciudades de Judea con símbolos del emperador en dos ocasiones, después de lo cual se enfrentó a la estruendosa revuelta de los judíos, que le obligó a dar marcha atrás en ambas ocasiones. Estas acciones no hicieron más que calentar el resentimiento de Judea con el dominio romano, trayendo consigo un aumento de las expectativas mesiánicas de los judíos.

Uno de los muchos predicadores de la época fue Jesús de Nazaret, cuyo papel en estos acontecimientos fue menor. Sus seguidores creían que era el Mesías, el Hijo de Dios y el rey de Israel. Predicaba la inminente llegada del reino de Dios, algo que muchos judíos equiparaban con la liberación de Judea. Sin embargo, sus enseñanzas socavaron la autoridad del sumo sacerdote y del procurador, lo que llevó a su crucifixión como rebelde en el año 30 o 33 de la era cristiana. Ese momento dio lugar al nacimiento del cristianismo, que en un principio fue considerado como una más de las sectas judías. Sin embargo, el incidente en sí fue menos impactante en ese momento, ya que no causó consecuencias inmediatas. Al final, el trato demasiado agresivo de Pilato con el descontento de los samaritanos provocó su caída. Fue destituido en el año 37, que coincidió con la muerte de Tiberio.

El último rayo de esperanza para los judíos llegó con Herodes Agripa I, nieto de Herodes, que creció en Roma y creó conexiones significativas con sus líderes prominentes. Como amigo de Calígula, el heredero de Tiberio, recibió el control de las tierras de su tío Filipo en el año 37 de la era cristiana. Dos años más tarde, se le concedió el reino de Antipas, lo que creó un reino judío sin Judea.

Por desgracia para los judíos, Calígula se tomó muy en serio la idea de su propia divinidad imperial. Ordenó a los judíos que erigieran una estatua suya en el Segundo Templo, lo cual era un sacrilegio a sus ojos. Inmediatamente comenzaron a protestar, y el procurador local retrasó la ejecución de los deseos del emperador. Herodes Agripa se dio cuenta de que si Calígula continuaba con sus exigencias, los judíos se rebelarían. Así, consiguió persuadir a su amigo de la infancia para que desistiera, al menos por un tiempo. El final del asunto llegó con el asesinato de Calígula en el año 41. Por suerte para Agripa, el heredero de Calígula era otro viejo amigo: Claudio. Además, el propio Agripa ayudó a Claudio a asegurarse el trono, por lo que se le concedió el cargo de procurador de Judea. Así, en esencia, Agripa consiguió reconstruir un estado vasallo de Judea que se extendía hasta las mismas fronteras que el antiguo reino de Herodes el Grande.

Ilustraciones modernas que representan a Herodes Agripa I (arriba) y a su hijo Herodes Agripa II (abajo). Fuente: https://commons.wikimedia.org

El reinado de Herodes Agripa resultó ser un breve respiro de la opresión romana, así como una época de paz y prosperidad. Agripa era un gobernante muy querido, ya que era descendiente tanto de la línea herodiana como de la asmonea. Sin embargo, no duró mucho, ya que murió inesperadamente en el año 44 de la era cristiana. Algunos estudiosos especulan que pudo haber sido asesinado por un legado romano de Siria que envidiaba la influencia y el éxito de Agripa. En un principio, Claudio quería nombrar al hijo de Agripa del mismo nombre para el trono, pero sus asesores le disuadieron. A la mayoría de los romanos no les gustaba la idea de una Judea fuerte y unida. En su lugar, se nombró un nuevo procurador romano. Con ello, Judea perdió todas las marcas de su independencia, así como su última esperanza de paz. Durante las dos décadas siguientes, los procuradores nombrados demostraron ser demasiado insensibles a la singularidad de la religión judía. En algunos casos, fue involuntario; en otros, fue deliberado. Además, la mayoría de ellos eran corruptos y agresivos a la hora de tratar el descontento judío. Asimismo, sin Agripa que sirviera de mediador, los judíos se volvieron mayoritariamente hacia los zelotes. Con el paso de los años, empezaron a buscar lentamente no solo un mejor trato por parte de los romanos, sino también su libertad.

Al creciente descontento judío le siguieron numerosas hostilidades localizadas y levantamientos a pequeña escala, a los que siguieron normalmente duras represalias romanas. Herodes Agripa II, que recibió las tierras y los títulos de su tío abuelo Filipo, así como algunos otros en Siria, intentó calmar las pasiones de ambos bandos. Utilizó sus contactos e influencias, tanto en Roma como en Jerusalén, para apaciguar varias situaciones. Sin embargo, a medida que la situación empeoraba, su voz y sus opiniones perdían sentido.

La gota que colmó el vaso fue el nombramiento de Gesio Floro como procurador de Judea en el año 64 de la era cristiana. Este detestaba abiertamente a los judíos, favoreciendo en cambio a los ciudadanos helenizados del reino. Además, provocó a propósito a la población judía, sobre todo exigiendo un tributo directamente del Segundo Templo, supuestamente en nombre del emperador. Esto provocó que los judíos se burlaran de él como si fuera un mendigo, lo que llevó a Floro a marchar a la ciudad con soldados romanos y a castigar arbitrariamente a los ciudadanos. Los judíos no pudieron soportar más este trato. A los pocos días, a principios del 66 d. C., se rebelaron y tomaron el control de Jerusalén y de la importante fortaleza de Masada, al sur de la capital, cerca del mar Muerto. Con ello, los rebeldes judíos se hicieron con suficientes armas y equipos para desafiar a las guarniciones romanas locales.

Por supuesto, los romanos actuaron inmediatamente. El legado sirio marchó a Judea con una de sus legiones, que fueron reforzadas por auxiliares y tropas de los reyes clientes locales, incluido Agripa II. Para cuando llegaron, la revuelta se había extendido por toda la provincia de Judea, lo que les obligó a conquistar ciudades mientras avanzaban hacia Jerusalén. Sin embargo, una vez que se demostró que una victoria rápida era improbable, el ejército romano se retiró. Cayeron en una emboscada y perdieron unos seis mil soldados.

La rebelión resultó ser problemática, sobre todo porque los disturbios en Judea podían incitar a los partos a desafiar la autoridad romana en la región. De hecho, los judíos de Judea esperaban que así fuera, y también contaban con la ayuda de la diáspora judía, especialmente la de la Mesopotamia parta. Sin embargo, no recibieron ninguna ayuda. Y lo que es más preocupante, el liderazgo de la rebelión se fracturó en varios grupos. A pesar de ello, el emperador Nerón vio una amenaza considerable en la revuelta de Judea, lo que le llevó a nombrar a un veterano general llamado Vespasiano para que se ocupara de los judíos en el año 67 de la era cristiana.

Vespasiano reunió tropas de Siria y Egipto, junto con fuerzas adicionales de Agripa y otros gobernantes clientes. Haciendo honor a su reputación, Vespasiano llevó a cabo una campaña metódica, tomando ciudad por ciudad mientras viajaba desde Siria hasta Galilea. Luego aseguró todos los puntos vitales a lo largo de la costa del Mediterráneo. Así, protegió tanto las exportaciones de grano de Egipto como sus propias líneas de suministro. Luego, se concentró en Judea, conquistando fortalezas y ciudades. Vespasiano no tuvo piedad con los rebeldes. La mayoría de ellos y sus partidarios fueron ejecutados, mientras que algunos fueron vendidos como esclavos. Cabe destacar que Vespasiano diferenciaba entre poblaciones leales y desleales. Por ejemplo, cuando retomó las ciudades de Agripa, que habían sido tomadas por los rebeldes, perdonó a la población local, que nunca se había rebelado por su cuenta.

Sin embargo, la campaña de Vespasiano se vio frenada por el asesinato de Nerón a mediados del año 68 de la era cristiana. Esperó a ver cómo se desarrollaba la política romana, que era bastante inestable en ese momento debido a que había varios aspirantes al trono. En el año 69, el propio Vespasiano entró en la lucha por el trono, dejando a su hijo y segundo al mando, Tito, a cargo de los judíos.

Los tesoros de Jerusalén tomados por los romanos (detalle del Arco de Tito).
Fuente: https://commons.wikimedia.org

Con la partida de Vespasiano, Tito decidió atacar el corazón de la rebelión, marchando profundamente en Judea. Esto era algo que Vespasiano no había hecho, ya que optó por ignorar la fuertemente custodiada Jerusalén. En el camino, Tito continuó con las brutales represalias contra los judíos. A principios del año 70, Tito sitió la ciudad, que en ese momento sufría una lucha interna por el poder, pero no pudo conquistarla rápidamente. El asedio duró varios meses, y las legiones romanas finalmente abrieron una brecha en las murallas a finales del verano. Se produjo un sangriento enfrentamiento, que no solo causó muchas bajas, sino también la destrucción del Segundo Templo. Esto no estaba previsto, ya que parece que Tito quería preservar la magnífica estructura y reutilizarla de alguna otra manera. Sin embargo, el fuego iniciado durante los enfrentamientos callejeros engulló el Templo, quemándolo hasta los cimientos. Con la caída de Jerusalén, el núcleo de la sublevación quedó destrozado. Tito partió hacia Roma mientras sus comandantes se ocupaban de los focos de resistencia restantes. El último fue Masada, cuyos defensores se suicidaron en lugar de rendirse a finales del 73 d. C.

Al final, la llamada gran revuelta judía fue un desastre para los judíos, así como para otros judíos de todo el imperio. Las fuentes antiguas mencionan la muerte de más de un millón de personas, aunque la mayoría de los estudiosos modernos creen que estas cifras son muy exageradas. Las estimaciones recientes rara vez superan los 350.000, cifra que incluye a los judíos esclavizados enviados al extranjero. Aun así, esta tragedia situaría la pérdida total de vidas en torno al 25 o 30 por ciento de toda la población judía de la región. Además, el rastro de destrucción trajo consigo tanto enfermedades como hambruna, dejando a toda la provincia en ruinas. Su economía era casi inexistente. Además, para los judíos fue un shock religioso, social y nacional. Perdieron su punto central de culto, junto con sus élites, que incluían a las familias sacerdotales. Su futuro no era nada seguro. Estos temblores religiosos se trasladaron también a la diáspora judía, que ahora se enfrentaba a la hostilidad de otros ciudadanos romanos. Así, la gran revuelta judía resultó ser una catástrofe tanto para Judea como para los judíos.

Sin embargo, el espíritu rebelde de los judíos no se rompió del todo. Su orgullo nacional y religioso seguía vivo, y anhelaban su salvación como pueblo elegido por Yahvé. Sin embargo, seguían subestimando el poderío del Imperio romano.

# Capítulo 4 - Efectos de la gran revuelta judía y causas del levantamiento de Bar Kokhba

La gran revuelta judía supuso una ruptura monumental en las relaciones entre los romanos y los judíos. Cambió tanto la forma en que los romanos trataban a Judea y a los judíos de Judea, como a toda la comunidad judía del imperio. Un desafío abierto al dominio romano significaba que no había posibilidad de que los judíos encontraran un *modus vivendi* aceptable con sus soberanos.

En ese aspecto, un cambio claro e inmediato se produjo en el año 70 de la era cristiana. Aunque aún quedaban focos de resistencia, la provincia de Judea fue reformada. Su rango fue elevado a provincia imperial, y fue dirigida por un legado de rango pretoriano. Esto significaba que Judea ya no estaba subyugada a Siria en la práctica, especialmente porque su nuevo rango significaba que albergaba una legión romana encargada de proteger la frontera y someter las revueltas. Se mantuvo el cargo de procurador, que actuaba como administrador fiscal de la provincia y ayudante del legado.

El nuevo rango y la administración de la provincia de Judea la sometieron a un control romano más estricto. Con ello, las leyes y la burocracia romanas sustituyeron a las anteriores leyes y tribunales judíos, incluido el Sanedrín. Judea perdió todos sus símbolos anteriores de singularidad y los restos de su estado independiente. Era una provincia romana más. El único recuerdo del anterior estado de Judea era Agripa II, que conservó su título de rey, que a estas alturas ya era más bien inútil y ceremonial. Siguió siendo un leal servidor de Roma, y utilizó lo que le quedaba de influencia para ayudar a la causa judía. Sin embargo, los territorios que gobernaba no eran verdaderamente judíos, excepto en parte de Galilea. Judea propiamente dicha estaba fuera de su alcance, y después de que muriera sin hijos alrededor del año 92 de la era cristiana, sus tierras fueron incorporadas a las provincias romanas circundantes. Con él, se extinguieron las dinastías herodiana y asmonea.

Las repercusiones no se detuvieron ahí. Vespasiano ordenó la expropiación de tierras en Judea, aunque se desconoce hasta qué punto. Algunos estudiosos especulan que fueron las tierras de los líderes rebeldes, mientras que otros creen que fueron las tierras de todos los insurgentes. En algunos casos, los historiadores van incluso más allá al referirse a todas las tierras o a las llamadas tierras de la corona preexistentes, que ahora solo pertenecían al emperador Vespasiano. En cualquier caso, la economía local de Judea se estaba transformando, ya que muchos judíos se convirtieron en arrendatarios en lugar de propietarios. Esto se debió en parte a la expropiación de tierras, aunque algunas de las tierras confiscadas fueron revendidas a sus anteriores propietarios. Sin embargo, muchos de los judíos simplemente perdieron las tierras, ya que la revuelta había interrumpido la producción, obligándoles a endeudarse. Además, como Judea estaba devastada, requería muchas reparaciones, lo que hizo que la provincia se empobreciera bastante en los años posteriores a la rebelión.

A los problemas se sumaba el hecho de que Roma necesitaba fondos para recuperarse tanto de la gran revuelta judía como de su guerra civil. Una de las formas en que Vespasiano abordó el asunto fue redirigir el llamado impuesto del templo al tesoro imperial. En décadas anteriores, este impuesto era pagado por cada judío para el mantenimiento de su santuario central. Sin embargo, al ser destruido, quedó obsoleto. Sin embargo, en lugar de abolirlo, el emperador dijo que el impuesto debía pagarse a cambio de que los judíos mantuvieran sus libertades y privilegios religiosos. Esto afectó a todos los judíos del imperio, no solo a los de Judea, pero fue una sabia medida política. Tratar de erradicar el judaísmo era una tarea casi imposible, e incluso un intento de hacerlo provocaría grandes disturbios, ya que los judíos habían demostrado ser bastante tenaces cuando se trataba de su religión. Así, el judaísmo siguió siendo una religión legal. Por otro lado, el nuevo impuesto era una importante fuente de ingresos, ya que la población judía era numerosa. Para ampliarlo, Vespasiano extendió el impuesto para incluir tanto a las mujeres como a los niños mayores de tres años, y también se elevó la cuantía. Resultó ser toda una carga económica, especialmente para los judíos de Judea.

Bustos de los emperadores Vespasiano (arriba), Tito (en medio) y Domiciano (abajo). Fuente: https://commons.wikimedia.org

Peor aún, los restantes ciudadanos de Roma se mostraron cada vez menos tolerantes con los judíos en todo el imperio. A pesar de conservar sus libertades religiosas, los judíos se enfrentaban a menudo a los malos tratos y abusos de sus vecinos y del gobierno local. También se convirtieron en chivos expiatorios de cualquier crimen, accidente e incluso desastre natural. Sin embargo, a pesar de todo esto, el resto del reinado de Vespasiano, así como el corto reinado de su hijo Tito, vieron limitada la opresión hacia los judíos. Incluso en Judea, la represión del régimen estaba en declive, sobre todo porque no había amenaza de nuevas rebeliones. Esta indulgencia fue, en parte, el resultado de la influencia de Agripa.

La situación empeoró durante el gobierno del emperador Domiciano (r. 81-96). Era abiertamente hostil hacia todos los judíos, así como hacia los cristianos, que todavía eran considerados como una de las sectas judías. La adhesión al judaísmo se equiparaba a la traición a Roma, y se castigaba con la muerte o el exilio. Aunque esto puede explicarse en parte por los sentimientos personales del nuevo emperador, también es posible que temiera una resurrección del nacionalismo judío. Especialmente preocupante era la posibilidad de que un falso pretendiente que «descendiera» de la Casa de David pudiera desencadenar un nuevo levantamiento contra el imperio.

Junto con esos cambios burocráticos, sociales y económicos, los judíos estaban atravesando una sustancial transformación religiosa. Los zelotes fueron casi todos asesinados. Los saduceos eran ya una facción debilitada, pero la destrucción del Segundo Templo aplastó sus últimos restos, ya que sus enseñanzas estaban estrechamente relacionadas con el santuario. La única facción importante que quedó fueron los fariseos, sobre todo los moderados que se opusieron a la rebelión. Originalmente, sus enseñanzas también se centraban en el Segundo Templo, pero a diferencia de otras sectas, los fariseos moderados tenían suficientes miembros educados vivos para adaptarse y mantener vivo el judaísmo. Su solución fue reenfocar su religión desde el culto a un santuario central hacia el culto a las escrituras judaicas, que incluían la Torá y el Tanaj. Así, el punto central del judaísmo pasó a ser el estudio de los textos sagrados en la sinagoga local. Los fariseos restantes y los escribas judíos, también conocidos como los *soferim*, promovieron esto. Estos dos grupos formaron una nueva clase conocida como rabinos, que significa «mi profesor/maestro».

Al principio, todo aquel que aceptaba la idea de adorar las escrituras era considerado un rabino. Todo lo que había que hacer era seguir las leyes dietéticas en un intento de hacer de todo Israel una tierra pura y santa. Era un esfuerzo por llevar la vida de uno de acuerdo con los ideales de la escritura. Sin embargo, los rabinos se convirtieron rápidamente en una casta religiosa especial, cuyo núcleo era la relación maestro/alumno. A través de esa relación, el alumno dominaba los textos sagrados, lo que le permitía convertirse en rabino tras su ordenación oficial. Así, los rabinos sustituyeron a los sacerdotes como autoridad central en materia religiosa. Así, después del año 70 de la era cristiana, el judaísmo comenzó a reformarse lentamente en lo que hoy se conoce como judaísmo rabínico, que hoy se encuentra en el centro del judaísmo moderno.

Sin embargo, en esos años de transformación, inmediatamente después de la gran revuelta judía, la mayoría de los judíos todavía esperaban reconstruir su Templo sagrado y esperaban un nuevo mesías que los guiara hacia su futuro prometido. Cabe destacar que, para entonces, el cristianismo se consideraba una religión aparte. A diferencia del judaísmo, era una religión no sancionada, por lo que la persecución de los cristianos continuaba.

La esperanza de la salvación mesiánica probablemente se acentuó durante el gobierno de Domiciano, ya que la existencia judía estaba amenazada tanto económica como físicamente. Sin embargo, tras su asesinato, la política oficial hacia los judíos se suavizó. Su sucesor, el emperador Nerva, reinó menos de dos años, pero en ese corto tiempo, puso fin a las acusaciones y castigos caprichosos contra los judíos. Nerva también hizo que la recaudación del llamado impuesto judío fuera algo más discreta y menos rapaz.

Su mala salud le llevó a una muerte prematura, y en el 98 d. C. le sucedió su hijo adoptivo Trajano. Su reinado fue largo y próspero, ya que amplió al máximo las fronteras romanas. Aunque la prosperidad y la estabilidad general del estado romano seguramente beneficiaron a los judíos de todo el imperio, estos siguieron pagando el impuesto judío. Además, parece que la religión y la cultura judías seguían en un estado de conflicto latente con los grecorromanos y otros súbditos del imperio. Esto llevó a continuos enfrentamientos locales entre los judíos y otros ciudadanos, alimentando continuamente las tensiones.

Otra tensión en la relación entre los romanos y los judíos fue la de los emigrantes de Judea. Algunos de ellos eran esclavos vendidos tras la caída de la rebelión, pero muchos se marcharon voluntariamente. Estos exiliados huían tanto del régimen opresivo como del empobrecimiento económico, y solían buscar otras comunidades judías. La mayoría se fue a Asia Menor, Siria, Egipto y el norte de África. Algunos abandonaron el imperio por completo, eligiendo establecerse en Mesopotamia y ser gobernados por los partos. Como los exiliados culpaban a los romanos de su desgracia, tendían a llevar a sus nuevas comunidades sentimientos de odio hacia sus opresores. Esto no hizo más que aumentar la ira latente entre los judíos, incrementando las tensiones en la diáspora judía. Por supuesto, la afluencia de nuevos judíos en determinadas zonas también hizo que los no judíos locales se sintieran amenazados. Al mismo tiempo, los grupos judíos comenzaron a sentirse con más derecho, especialmente si constituían la mayoría en una ciudad o barrio.

Hacia el año 115 de la era cristiana comenzaron a aparecer nubes de tormenta cuando Trajano entró en guerra contra los partos, que habían roto su acuerdo anterior al inmiscuirse en los asuntos armenios. Al principio, las legiones romanas tuvieron bastante éxito. Marcharon a través del Éufrates y conquistaron Mesopotamia, incluida la capital parta de Ctesifonte. Para librar esta guerra, así como para facilitar el control de la región recién conquistada, Trajano se dio cuenta de que necesitaba la paz con los judíos, si no la cooperación. La mayoría de sus ejércitos procedían de zonas con una población judía considerable, y también constituían una parte notable de la población mesopotámica. Así, antes de entrar en guerra, el emperador emitió una declaración en la que prometía la restauración de los derechos de sacrificio de los judíos en Jerusalén y la reconstrucción de su Templo. Para muchos judíos fue una buena señal y se movilizaron en apoyo de Trajano. Sin embargo, el ala nacionalista lo vio como promesas vacías y, sobre todo, como una distracción de su problema principal: la autonomía de Judea. Según los textos religiosos tradicionales, los samaritanos también se opusieron a la restauración del Segundo Templo, advirtiendo a los romanos de que solo serviría para vigorizar el nacionalismo judío.

Como la cuestión suscitaba demasiada controversia, tanto dentro de la comunidad judía como en el extranjero, Trajano decidió guardarla hasta que terminara la guerra. Mientras viajaba hacia las fronteras orientales para iniciar su ataque a Partia, el emperador trató la cuestión del Templo, diciendo que su restauración se posponía indefinidamente. Sin embargo, mantuvo su decisión de devolver Jerusalén a los judíos como centro religioso.

Tales acciones trajeron consecuencias aún peores, ya que fue una munición perfecta para los judíos nacionalistas. Era un ejemplo más de la traición romana. Como respuesta, comenzaron a abogar por otro levantamiento. Su plan era desestabilizar la retaguardia romana y facilitar una victoria parta, asegurando a los demás judíos que el Templo se reconstruiría bajo el dominio parto. Los líderes nacionalistas intentaron difundir su mensaje fuera de las fronteras de Judea, pero fueron capturados y ejecutados en Siria como traidores al imperio. Aunque se suponía que esto debía disuadir de más disturbios, solo avivó las llamas. En el año 116 d. C. había comenzado otra rebelión que se extendió por Egipto, Cirenaica, Libia, Chipre y Mesopotamia.

Monedas romanas que celebran las primeras victorias de Trajano contra los partos.
Fuente: https://commons.wikimedia.org

Esta revuelta policéntrica se conoció como la guerra de Kitos, una corrupción del nombre de Lusio Quieto, el general al que Trajano ordenó reprimir la revuelta. También se conoce como la segunda guerra judeo-romana. Para los romanos, el aspecto más grave del nuevo levantamiento judío era que desestabilizaba su dominio sobre Mesopotamia, que coincidía con una contraofensiva parta. Aunque los romanos lograron sofocar la rebelión judía allí, al final se vieron obligados a retirarse, perdiendo una vez más una guerra con Partia.

Una de las razones de la retirada fue la necesidad de sofocar las revueltas dentro del imperio y de estabilizar las provincias orientales, tanto para la paz interna como para asegurar que los partos no intentaran sacar provecho de la agitación. Otro problema era que los rebeldes judíos parecían bastante agresivos, masacrando a los griegos y a otros ciudadanos del imperio que encontraban. Las fuentes antiguas mencionan cientos de miles de muertos, pero estas cifras son probablemente exageradas. Aun así, señalan notables atrocidades. En respuesta, los romanos respondieron con su habitual tenacidad al enfrentarse a estos violentos levantamientos. Sus ejércitos combatieron a los distintos grupos rebeldes, matando a decenas de miles de personas, y castigaron a todos los sospechosos de participar y apoyar la revuelta.

La revuelta de la diáspora judía fue aplastada en el año 117 d. C., con consecuencias nefastas para los judíos. Una vez más, muchos fueron asesinados, esclavizados o sus tierras fueron confiscadas. Según algunas evidencias, su presencia fue casi anulada en Egipto, Libia y Chipre, con esta última promulgando una ley local que les prohibía regresar jamás. Sin embargo, Judea parece haber permanecido dócil. Parece que los moderados locales consiguieron persuadir a la población para que no se rebelara, temiendo las represalias de Roma. Como probablemente todavía recordaban las pérdidas tras la gran revuelta judía, se mantuvieron en gran medida apaciguados.

Sin embargo, el alcance de la paz en Judea sigue siendo cuestionable. Algunas fuentes judías mencionan algunos disturbios, mientras que los historiadores romanos no mencionan ninguno. Por lo tanto, es posible que se produjeran algunos disturbios o enfrentamientos a pequeña escala, sobre todo teniendo en cuenta que, tras la represión de la revuelta, Judea se convirtió en una provincia consular, el rango más alto de la jerarquía imperial. Con ello, se destinó allí una segunda legión para asegurar la paz. Independientemente de ello, el hecho de que Judea no participara activamente en la guerra de Kitos ha llevado a algunos historiadores modernos a descartar esta rebelión como una de las guerras judeo-romanas, aunque esta opinión es muy discutida.

En cualquier caso, el año 117 resultó ser crucial. No solo se sofocó la revuelta judía, sino que también falleció Trajano. Su muerte fue inesperada. Fue el resultado de una enfermedad, que progresó tan rápidamente que no pudo llegar a su casa en Italia. Le sucedió su hijo adoptivo y destacado general Adriano, que le siguió en la mayoría de sus campañas. El nuevo emperador decidió inmediatamente abandonar los planes de expansión oriental de Trajano. Devolvió las fronteras a su posición anterior, poniendo fin a la guerra con Partia. Bajo el mandato de Adriano, la revuelta judía fue sofocada, y él se preocupó tanto de asegurar su gobierno como de consolidar el imperio.

Entre la cantidad de problemas a los que se enfrentó en sus primeros años de gobierno estaba la cuestión de Judea. Esta cuestión planteaba un doble problema para el Estado romano. Por un lado, la amenaza parta se cernía continuamente sobre Judea, mientras que los ciudadanos judíos se negaban a ser asimilados dentro del imperio. La posibilidad más preocupante era que los partos y los judíos trabajaran juntos para expulsar a los romanos de Judea. Seguía siendo una región estratégica importante, ya que conectaba Egipto y Siria, que eran probablemente las provincias orientales más importantes.

Todo ello influyó en la política y la actitud de Adriano hacia los judíos y Judea. Destinó otra legión a la provincia, pero no necesariamente para meter miedo a los judíos. Es probable que solo formara parte de su política de reforzar las fronteras romanas contra Partia. Además, al tomar esa decisión, evitó aumentar el número de tropas en Siria, ya que un legado con cuatro legiones bajo su mando directo supondría una seria amenaza y una responsabilidad para cualquier emperador. Así, un contingente militar adicional en Judea no fue una decisión antijudía, al menos no del todo.

En una línea similar, destituyó a Quieto de su cargo de cónsul en Judea, para el que había sido nombrado un año antes. Esto se consideró una medida para apaciguar a los judíos. Destituir a un líder que había masacrado a sus compatriotas fue seguramente visto como algo positivo por muchos judíos, pero también es probable que Adriano tuviera motivos ulteriores. Al igual que él, Quieto era un distinguido general, y era popular entre las tropas. Era una amenaza plausible para el ascenso imperial de Adriano. Esto se ve respaldado por el hecho de que Quieto fue ejecutado en el año 118 acusado de conspiración, junto con tres senadores. Teniendo esto en cuenta, aunque la destitución y ejecución de Quieto fueron bien recibidas por los judíos, parece que la decisión de Adriano no se tomó pensando en los judíos. Debido a la doble vertiente de la política de Adriano, las causas de la última guerra judeo-romana siguen envueltas en el misterio y la controversia.

Una representación del sufrimiento judío después de la guerra de Kitos, con la colorida vida de los griegos representada arriba comparada con la sombría vida de los judíos abajo. Fuente: https://commons.wikimedia.org

En general, los judíos estaban continuamente irritados por el dominio romano y albergaban resentimiento hacia sus opresores. Este sentimiento no tenía nada que ver con Adriano personalmente o con sus políticas, sino con la situación socioeconómica general de Judea. La posición de los campesinos judíos estaba empeorando debido a las anteriores apropiaciones de tierras, y muchos de ellos se convirtieron en arrendatarios de tierras en lugar de propietarios. Con los alquileres y los impuestos estatales, muchos judíos se sentían peor que antes, y no sin razón.

Sin embargo, estos factores solo añadían leña al fuego, ya que la opresión más destacada era la social. Había una marea creciente de emigrantes grecorromanos que se asentaban en la antigua Palestina, y traían consigo su cultura y su religión. Aunque su número en Judea propiamente dicha probablemente no era tan alto como en otras regiones como Samaria o en la costa mediterránea, su presencia no era muy bien recibida por los judíos. Trajeron sus propias costumbres y tradiciones que eran casi el polo opuesto de las judías. Peor aún fue el hecho de que el gobierno imperial trató activamente de asimilar a Judea y a la población judía a su civilización y estado grecorromano.

Desde el punto de vista gubernamental, la atipicidad de Judea la convertía en un eslabón débil del sistema burocrático romano, ya que siempre requería una atención y un trabajo especiales, por no mencionar que su posición estratégica cerca de la frontera parta requería su estabilidad y lealtad. Aunque una legión adicional afianzaba el dominio romano sobre Judea, la única solución viable a largo plazo era incorporar a la población de Judea a la vida cultural imperial; al fin y al cabo, la unidad del imperio era la unidad de su pueblo. Sin embargo, esto resultó ser casi imposible, ya que el monoteísmo judaico contrastaba con el politeísmo grecorromano, así como con el culto al emperador. Así, la política de Adriano y los judíos chocaron. Los judíos querían su autonomía y un trato especial, mientras que el gobierno imperial quería su plena integración. Un ejemplo de estos choques se puede ver alrededor del año 125 d. C., cuando el gobernador romano de Judea prohibió a los tribunales rabínicos ocuparse de ciertos asuntos civiles, como, por ejemplo, los divorcios. Los judíos veían esto como una intromisión en su religión; para los romanos, sin embargo, lo veían como la promulgación del orden.

Sin embargo, incluso entonces, los judíos seguían siendo relativamente pacíficos, ya que algunos de los rabinos moderados seguían intentando desatar las pasiones nacionalistas. El más destacado de ellos era Josué ben Hananiah, un viejo e influyente rabino. En su sabiduría, Hananiah sabía que otra rebelión solo empeoraría las cosas. Sin embargo, murió de viejo hacia el año 130 o 131 de la era cristiana, dejando a los rabinos nacionalistas rebeldes sin una oposición adecuada. Alrededor de la misma época, Quinto

Tineyo Rufo, también conocido como Turno Rufo el Malo en las fuentes judías, se convirtió en el gobernador de Judea. Bajo su mando, el gobierno provincial promulgó una prohibición mucho más estricta de todas las prácticas y ceremonias religiosas relacionadas con la causa nacionalista judía. Algunos historiadores sostienen que el motivo de Rufo fue la esperada visita de Adriano a la región, lo que impulsó al gobernador de Judea a restringir todo lo que pudiera desagradar al emperador. Sea como fuere, las tensiones eran elevadas, y una chispa era todo lo que se necesitaba para encender las pasiones de los judíos de Judea.

Las fuentes antiguas nos ofrecen tres posibles causas inmediatas de la tercera rebelión judía. Según la literatura rabínica posterior, la gota que colmó el vaso fue la promesa de Adriano de reconstruir el Templo, pero no cumplió su palabra. Sin embargo, la mayoría de los estudiosos consideran que esta es la razón menos plausible, ya que la propia historia contiene muchos rasgos legendarios que se encuentran en la literatura judía, como la intromisión de los malévolos samaritanos. Parece que esto fue simplemente una explicación de los rabinos posteriores a cómo se produjeron sus desgracias, relacionándolo con los mitos anteriores y la larga animosidad con los samaritanos.

Otro relato proviene de una obra romana posterior llamada *Historia Augusta*, una colección de biografías de los emperadores de los siglos II y III. En el relato de la vida de Adriano, hay una línea que afirma que los judíos se levantaron en armas porque prohibió la circuncisión, una de las piedras angulares del judaísmo. Una idea similar se menciona también en la literatura rabínica posterior, añadiendo otra capa a la reclamación. También encaja con la opinión grecorromana de que la mutilación corporal innecesaria no era «civilizada».

Sin embargo, varios historiadores modernos tienden a considerar esto como improbable. En primer lugar, la *Historia Augusta* es de dudosa exactitud, y la forma en que se menciona el asunto tiene ecos de burla y grotesco. Al mismo tiempo, los textos rabínicos ya son bastante tendenciosos y tan erróneos como la *Historia*. Por ello, algunos estudiosos propusieron que dicha prohibición era más bien una medida punitiva dictada durante o después de la rebelión. Sin embargo, la mayoría de los historiadores la descartan por completo, ya que ninguna otra fuente romana contemporánea la menciona; un edicto de tal magnitud debería estar registrado en alguna parte. Además, la prohibición de la circuncisión ya fue aprobada por Domiciano a finales del siglo I, por lo que es poco probable que Adriano repitiera la misma ley. También existe otro problema: las fuentes antiguas confunden la castración y la circuncisión, ya que ambas se consideraban mutilación genital en la cultura grecorromana. Además, si hubo una prohibición de la circuncisión, no solo habría afectado a Judea y a los judíos, sino también a otras naciones como los egipcios y los fenicios. Ninguna otra nación se rebeló, por lo que las únicas soluciones posibles eran que el gobernador de Judea promulgara dicha ley por su cuenta o que el emperador se dirigiera específicamente a la provincia de Judea. Ninguna de las dos especulaciones parece probable, ya que no parecen beneficiar ni al gobierno imperial ni al local.

Finalmente, la última causa posible es el plan de Adriano de construir una nueva colonia llamada Aelia Capitolina sobre Jerusalén, que era una ruina desierta desde el año 70 de la era cristiana. Existen fuentes antiguas creíbles escritas mucho más cerca de la rebelión que lo atestigua, y los hallazgos arqueológicos y las monedas antiguas confirman la existencia de dicha colonia. Aunque en su día se debatió si Aelia Capitolina formaba parte de las medidas punitivas de Adriano tras la rebelión, recientes pruebas arqueológicas datan positivamente su fundación antes de ella, muy probablemente durante la visita de Adriano a Judea en el año 130 de la era cristiana. Este acto encajaría con la política de reconstrucción de Adriano, que promulgó en todo el imperio. También serviría como nueva capital provincial. Además, el lugar tenía una importancia estratégica para el control de la región. Por último, la creación de una colonia romana, poblada principalmente por soldados retirados, también aportaría estabilidad y un mayor control imperial sobre la turbulenta provincia y ayudaría a integrar a los judíos en el imperio. Así pues, la fundación de Aelia Capitolina estaba en consonancia con la política de Adriano de reforzar las bases grecorromanas.

Desde el punto de vista judío, esto parece ser una medida que apunta a su orgullo nacional, ya que Jerusalén había sido su centro social, político y religioso durante siglos. Por lo tanto, parecería que la fundación de Aelia Capitolina tenía la gravedad necesaria para desencadenar una rebelión, lo que la convierte en la causa más probable. No obstante, algunos historiadores modernos siguen dudando de que fuera realmente la razón inmediata del levantamiento. Por un lado, Jerusalén había permanecido abandonada durante más de cincuenta años sin ningún intento serio de reconstruirla y repoblarla, lo que significa que su importancia para los judíos de la época era dudosa. Es posible que su reconstrucción no haya provocado un escándalo tan grande como el que se supone hoy en día. Otra cuestión es que parece que los rebeldes durante la rebelión nunca intentaron capturar la ciudad y restaurar la «vieja Jerusalén», lo que parecería lógico si esa fuera la causa real de su lucha.

Moneda acuñada en Aelia Capitolina, c. 130-132 d. C., celebrando su fundación.
Fuente: https://commons.wikimedia.org

Esto apunta a otra cuestión: el Monte del Templo, el lugar donde estuvo el Segundo Templo. Según algunas fuentes, Adriano planeó construir un templo dedicado a Júpiter en su lugar, lo que sin duda causaría un gran revuelo entre los judíos. Sin embargo, la historicidad de tal decisión es cuestionable, ya que parece que Aelia Capitolina no incluía el Monte del Templo. Además, al igual que con la ciudad de Jerusalén, los rebeldes nunca intentaron reconstruir el Segundo Templo. Otra posibilidad es que el terreno del Monte del Templo se rastrillara ceremonialmente para preparar la construcción de la nueva colonia sin que hubiera un plan real de construir nada allí. Tal acto era lo suficientemente importante desde el punto de vista religioso como para provocar un levantamiento. Sin embargo, no hay pruebas concretas que respalden esto.

Al final, los historiadores no están seguros de qué causó precisamente la rebelión de Bar Kokhba. El candidato más probable hasta ahora parece ser Aelia Capitolina, con o sin la cuestión del Templo. La prohibición de la circuncisión es más bien una representación mítica de la opresión romana y de los intentos de asimilación cultural. En realidad, la verdadera causa fue la posición de la población judía en Judea y su descontento con el dominio romano. Si la chispa final fue la construcción de Aelia Capitolina o el templo de Júpiter, la prohibición de la circuncisión, o posiblemente algo completamente distinto, es esencialmente irrelevante. El hecho más importante es que los judíos estaban hartos, lo que les llevó a rebelarse poco después de que Adriano abandonara Judea.

# Capítulo 5 - Liderazgo y preparación del levantamiento

La visita de Adriano y su política imperial agitaron a la población judía. La rebelión estaba en el aire mientras las tensiones continuaban acumulándose. Sin embargo, a diferencia de las revueltas anteriores, los judíos no se precipitaron en esta revolución sin planificar y guiados meramente por las emociones. Esta vez, los rebeldes decidieron prepararse para la lucha.

La visita del emperador, que probablemente duró desde finales del 129 hasta principios del 130 d. C., causó suficiente conmoción para convencer al menos a una parte de la población judía de Judea de que un levantamiento era la única forma de sobrevivir. Integrarse en el mundo grecorromano era para ellos lo mismo que la muerte. Sin embargo, no se lanzaron a la acción inmediatamente, ni siquiera después de que Adriano abandonara Judea. Aunque las emociones eran altas, parece que los rabinos, sobre todo el rabino Akiba (o Akiva) ben Yosef, calmaron las pasiones judías. Estaba claro que un levantamiento prematuro iba a fracasar, por no hablar de que empezaría mientras Adriano estaba todavía cerca, como así era. El emperador se encontraba en una gira oriental por el reino romano. Comenzó en Grecia, pasó por Asia Menor y Siria, antes de llegar a

Judea. Desde allí, Adriano se dirigió más al sur, a Egipto, antes de volver a Siria y luego a Atenas. Según algunos relatos poco fiables, se sugirió que el rabino Akiba incluso lo siguió a Egipto para tratar de persuadir al emperador de que retirara sus decisiones relativas a Aelia Capitolina y posiblemente a las ruinas del Segundo Templo. Si eso es cierto, Adriano se negó. Esto hizo que muchos de los judíos moderados y neutrales se inclinaran hacia la parte rebelde más radical de su sociedad. Eso incluía también al rabino Akiba.

Sin embargo, mientras Akiba y los moderados seguían conteniendo el levantamiento, los futuros rebeldes no se quedaron de brazos cruzados. Comenzaron a prepararse para su lucha construyendo varios túneles, pozos y escondites por toda Judea, tanto para refugio como para uso táctico. Además, parece que también fortificaron algunos lugares estratégicamente ventajosos en el campo. Estas posiciones y sus pasadizos debían utilizarse como lugares de refugio en caso de amenaza abrumadora por parte de los romanos y como centros localizados de resistencia. Estas construcciones fueron atestiguadas tanto por las fuentes romanas como por los hallazgos arqueológicos. Además, las fuentes romanas también mencionan que los judíos hacían acopio de armamento para prepararse para la guerra. Supuestamente fabricaban armas de calidad inferior para las guarniciones romanas estacionadas, con la esperanza de que rechazaran las armas defectuosas, lo que permitiría a los rebeldes conservarlas y renovarlas. Parece seguro que los insurgentes hicieron acopio de armas como parte de su preparación debido a su importante número de combatientes. En cualquier caso, ninguna prueba arqueológica respalda la afirmación de que se fabricaran armas defectuosas. Al contrario, las armas encontradas en los lugares controlados por los rebeldes son de calidad similar a las que utilizaban los romanos.

Estos preparativos tan cuidadosos y organizados sugieren que la rebelión que se avecinaba tenía un liderazgo centralizado. Esta es otra diferencia significativa con respecto a las dos revueltas judeo-romanas anteriores, ya que los rebeldes habían sido espontáneos y dirigidos por diferentes grupos. A veces incluso se dividían en facciones enfrentadas. En la tercera revuelta judía, no solo hubo un grupo dirigente entre los insurgentes, sino también un líder singular al frente del mismo. Era el epónimo Simón (Simeón) bar Kokhba (Kochba). Tenía el control indiscutible de todos los asuntos de la rebelión, sobre todo los militares y los señoriales. Su existencia y posición están corroboradas tanto por las historias antiguas como por los hallazgos arqueológicos. No solo se encontró su nombre en las monedas acuñadas por los insurgentes, sino que también se encontraron varias cartas firmadas en una cueva del desierto de Judea con su firma. En ellas ordena a sus subordinados y amenaza con castigar a los que le desobedezcan. Estas cartas confirman plenamente el papel de liderazgo que se le asigna tanto en la literatura romana como en la rabínica.

Ilustración moderna que muestra a Bar Kokhba (en el centro) seguido de sus combatientes. Fuente: https://commons.wikimedia.org

A pesar de ello, su vida temprana es un completo misterio. Ninguna de las fuentes menciona su vida antes de la rebelión, y no hay otros registros contemporáneos de él. Sin embargo, es posible hacer algunas especulaciones. Sus cartas y los relatos sobre él apuntan al hecho de que sabía leer y escribir. Estaba familiarizado con el Talmud y posiblemente también con la literatura grecorromana. Esto sugiere que probablemente era un miembro de la clase alta, tal vez cercano a los rabinos. Existe un vago indicio sobre su relación con el rabino Eleazar de Modi'in. Bar Kokhba también estaba familiarizado con el arte de la guerra, tanto en términos de estrategia como de dominio del combate. Es posible que esto provenga de su educación, pero también es posible que tuviera algún contacto directo con estos asuntos. Es posible que las aprendiera participando en algún bandidaje antirromano o que tuviera encuentros con los supervivientes de la rebelión anterior. Sin embargo, estas nociones están más en el terreno de las conjeturas que en el de las pruebas. Solo una cosa es cierta: su nombre de pila no era Bar Kokhba, sino Simón ben Kosiba, lo que fue atestiguado por cartas encontradas cerca del mar Muerto. Su significado es incierto, lo que ha llevado a los historiadores a especular si era un patronímico (derivado del nombre de su padre) o si estaba relacionado con su lugar de nacimiento.

Por sí sola, esta información no es muy significativa hasta que se examina el origen de Bar Kokhba. El significado literal de su nombre es «hijo de una estrella», y es un epíteto que se le dio poco antes o en los primeros días de la rebelión, posiblemente por el propio rabino Akiba. Sin embargo, su verdadero significado sugiere que Simón era visto como el Mesías, una figura salvadora y liberadora de los judíos, y el restaurador del reino davídico. Eso implica además que Simón era de ascendencia davídica, ya que solo los hijos de David estaban canónicamente autorizados a gobernar el reino judío. Por supuesto, el vínculo entre Simón y David es poco realista. Algunos estudiosos incluso explican la supuesta relación con Rabí Eleazar como un tropo literario rabínico posterior en un intento de vincularlo a la genealogía davídica. Sin embargo, es importante, ya que implica una dimensión mesiánica de la rebelión. Al mismo tiempo, plantea la cuestión del tipo de mesianismo que se veía en Bar Kokhba y su rebelión.

Es difícil descifrar de forma concluyente la ideología completa del último levantamiento judío, ya que su significado y las metáforas vinculadas a su líder pueden leerse y entenderse de forma diferente, por no hablar de la cuestionable parcialidad de las fuentes antiguas. A pesar de ello, las dos interpretaciones principales son que se trataba de un mesianismo religioso o político. Si fuera lo primero, implicaría que Simón y sus compañeros lo veían no solo como su líder militar, sino también como uno religioso. Esto implicaría que la rebelión estaba dirigida por motivos religiosos y por la preservación del judaísmo «adecuado». Al otro lado del espectro está el mesianismo político, que habría estado encabezado sobre todo por objetivos nacionalistas de preservación de la población judía y, lo que es más importante, de restauración del Estado y su independencia. Desde este punto de vista, Bar Kokhba era ante todo un líder nacional cuyo papel mesiánico era meramente el de un liberador terrenal, no el espiritual. También implicaría que no era necesaria ninguna conexión genealógica con David.

La cuestión de la naturaleza mesiánica del liderazgo de Bar Kokhba suscita otra pregunta: ¿Qué título utilizó para sí mismo mientras dirigía el estado judío restaurado? Según algunas fuentes, Simón fue supuestamente ordenado oficialmente como Mesías o rey Mesías. Esto último implica que Bar Kokhba unificó el gobierno religioso y el civil, ya que el título de Mesías podría ser visto como un sustituto del sumo sacerdote. Además, el título de Mesías por sí solo podría implicar la unidad de esas dos autoridades. Sin embargo, estos títulos solo suelen mencionarse en textos rabínicos y cristianos posteriores, muy probablemente como una interpretación del pasado que como un hecho verificado. Algunos estudiosos modernos intentaron respaldar estas ideas a través del simbolismo encontrado en las monedas del levantamiento. A menudo contienen una estrella y un racimo de uvas, ambos relacionados con la imaginería mesiánica. Sin embargo, el problema es que la estrella era un símbolo común en las monedas de Judea antes y después de la rebelión. Además, es más probable que el racimo de uvas esté vinculado a la fertilidad de las tierras, de forma similar a las representaciones de hojas de vid o palmeras en otras monedas antiguas. Aunque la prosperidad podría relacionarse con la llegada del Mesías, parece más probable que ambos símbolos tuvieran un significado nacional más que religioso.

La vaga evidencia de un título mesiánico contrasta con un título más secular de *nasi* o príncipe. El uso de un título principesco por parte de Simón se menciona directamente en los documentos encontrados en el desierto de Judea y en las monedas acuñadas bajo su gobierno. Así pues, Bar Kokhba se representaba a sí mismo principalmente como un príncipe. Algunos estudiosos trataron de atribuir a este título un significado mesiánico, pero parece poco probable, ya que hunde sus raíces en los primeros asmoneos. Otros incluso afirmaron que Simón solo utilizó el título propiamente mesiánico en los últimos días del levantamiento para reforzar la moral de los judíos. Sin embargo, ambas ideas parecen más conjeturas que conclusiones basadas en pruebas. La realidad del gobierno de Bar Kokhba refuerza aún más la idea de un enfoque secular de su reinado. Actuó como si la tierra real liberada fuera su posesión personal, de forma similar a como gobernaron las dos dinastías judías anteriores. Además, el gobierno absolutista implícito a través de la amenaza de castigo, como se ve en los documentos, se suma a la naturaleza monárquica del reinado de Simón.

La cuestión de por qué decidió ignorar el título real está abierta a discusión. Algunos estudiosos sostienen que el título fue devaluado por los últimos herodianos, mientras que el título de *nasi* permaneció impoluto. Otros piensan que puede haber sido un intento de establecer similitudes con la rebelión original de los asmoneos. También es posible que no se utilizara para evitar las disputas internas sobre la antigua cuestión de la supremacía. Es posible que Bar

Kokhba planeara coronarse a sí mismo como rey una vez asegurada la independencia y restaurado el Segundo Templo. En cualquier caso, el uso del título de *nasi* es más indicativo de que el propio Simón se inclinaba por la ideología secular de la rebelión, aunque era un judío devoto. Sin embargo, estas cuestiones las plantean sobre todo los estudiosos modernos, cuya perspectiva suele centrarse en una única solución. La verdad se encuentra probablemente en algún punto intermedio, ya que algunos de sus seguidores pueden haber favorecido una interpretación sobre otra, al igual que el propio Bar Kokhba. Al final, tanto los rebeldes de inspiración religiosa como los de inspiración nacionalista se inclinaban por el mismo objetivo: la libertad.

Cabe señalar que el enfoque más religioso sobre la naturaleza de la rebelión de Bar Kokhba procede principalmente de la literatura rabínica y cristiana posterior. Estas fuentes se utilizan a menudo para explicar por qué fracasó, ya que la caída de toda la rebelión se consideraba resultado de la incompatibilidad de Simón con el papel de Mesías. Además, algunos de esos textos le dan un apodo despectivo, Simón bar Kozeba, que significa «hijo de las mentiras/engaños». Esto implica sus promesas fallidas, así como su falso mesianismo.

Independientemente de las interpretaciones, creencias y origen del papel mesiánico o nacionalista de Simón, la ideología de la salvación desempeñó un papel crucial en la rebelión. Sin duda, ayudó a reclutar combatientes y a recabar apoyos para la causa, lo que permitió a Bar Kokhba reunir suficientes efectivos para desafiar seriamente el dominio romano. Del mismo modo, la cuestión de si Simón fue coronado como príncipe o Mesías se vuelve algo irrelevante, ya que Simón era claramente un líder carismático que logró ganarse el apoyo de una población más amplia.

Sin embargo, la fuente exacta de su atractivo no está clara. Las descripciones de la personalidad de Simón son algo variadas. Se le describe como valiente e implacable, con un espíritu inquebrantable.

Al mismo tiempo, también se le describe como algo temperamental, arrogante y, a veces, irracional o demasiado confiado. Sin embargo, estas descripciones provienen de fuentes rabínicas y cristianas posteriores, que pueden tener su propia agenda al describirlo. La descripción de la arrogancia y el exceso de confianza de Bar Kokhba puede ser un intento de frustrar su imagen mesiánica y explicar el desastre de la rebelión. Por supuesto, desde el punto de vista romano, era un asesino y un bandido, pero esas opiniones se esperaban de sus enemigos, que no lo veían más que como un vulgar criminal. También se describe que Simón tenía una inmensa fuerza física, que es el único aspecto físico que se registra de él. Su aspecto se pierde en la oscuridad de la historia. Aun así, su fuerza, que estaba a la altura de los semidioses míticos, era más bien un tropo de la historia, posiblemente inspirado en su destreza marcial, que en sus capacidades reales. Matar a un hombre de una sola patada no puede ser una descripción exacta.

Desgraciadamente, todas estas descripciones son poco precisas. Las únicas fuentes fiables de la personalidad de Bar Kokhba son sus documentos y cartas. En ellos vemos a una persona que era un líder duro e inflexible, que exigía una obediencia incuestionable a sus seguidores. Sus órdenes eran a menudo muy detalladas, hasta el punto de la microgestión, y el fracaso le enfurecía. También hay signos de sarcasmo en los escritos de Simón, que apuntan a un ingenio agudo. Los destellos de su carisma se pueden ver cuando se dirige a sus compañeros rebeldes como hermanos, ya que esto indica un vínculo especial. A ello se suma una carta en la que se dirige a él como «amado padre», lo que indica signos de respeto hacia Bar Kokhba. Los documentos también arrojan luz sobre su condición de judío devoto, aunque parece que era ante todo un político práctico. Parece que seguía meticulosamente los rituales y las prácticas tradicionales de los días sagrados como la Pascua y Sucot, así como el Sabbath. Si bien estos atisbos no pintan un cuadro completo, dan las líneas generales de alguien cuyas cualidades lo convirtieron en un líder adecuado para los rebeldes judíos, lo que explica, al menos parcialmente, por qué lo siguieron con tanta devoción.

La dedicación de los seguidores de Bar Kokhba también puede atribuirse a la ideología y el espiritualismo de la rebelión, que puede vincularse a la obra del rabino Akiba. Como ya se ha mencionado, la proclamación del papel mesiánico de Simón se vincula a menudo con el viejo sabio, que tenía más de ochenta años al momento de la rebelión. Su papel exacto en la rebelión es incierto. Según algunas fuentes, murió antes de que comenzara la rebelión en el 132, mientras que otras narraciones sitúan su muerte más tarde. El carácter de Akiba era el de un erudito o un intelectual; parece que era un modesto líder religioso. Sin embargo, según algunas fuentes, actuó como una especie de guía espiritual de los rebeldes. Además de insinuar su papel mesiánico como líder, hay algunos indicios que apuntan a que reclutó guerreros para la causa. Otras fuentes insinúan que viajó por toda la región, recabando apoyo y financiación de la diáspora judía y supuestamente incluso visitando la propia Roma. Su cercanía con los líderes de la rebelión se insinúa en textos rabínicos posteriores, en los que se le apoda el portador de la armadura de Bar Kokhba.

Una ilustración del siglo XVI de Rabí Akiba (arriba) y una estatua del siglo XX de Bar Kokhba (abajo). Fuente: https://commons.wikimedia.org

A pesar de ello, el papel exacto de Rabí Akiba y su nivel de participación son apenas indicados. No hay pruebas concretas de que su participación fuera tan destacada, aunque parece probable que apoyara la causa. Todas las pruebas que apuntan al supuesto papel de Akiba como líder espiritual y parte de la dirección de la rebelión se basan en fuentes legendarias posteriores, lo que lo convierte en otra parte discutible del legado de la rebelión de Bar Kokhba. Del mismo modo, algunos otros sabios, rabinos y líderes religiosos están vinculados a la rebelión o a través de sus conexiones con el propio rabino Akiba. Por lo tanto, su participación también es cuestionable y no se puede confirmar históricamente. No obstante, aunque Akiba y otros sabios judaicos no estuvieran tan implicados como sugieren las fuentes posteriores, los relatos que los relacionan con la causa de la rebelión demuestran que Bar Kokhba contó con cierto apoyo de las élites religiosas de Judea. Es muy probable que haya un elemento de verdad detrás de esos relatos rabínicos posteriores, como suele tener el folclore.

Aparte de Akiba, hay otro posible miembro del círculo íntimo de Simón, el llamado Eleazar el Sacerdote. Su nombre, Eleazar Hacohen, aparece en algunas de las monedas acuñadas por los rebeldes, lo que indica que era una parte importante del liderazgo de la rebelión. Algunos estudiosos sugieren que formaba parte de la autoridad de acuñación, además de ser un sumo sacerdote. El «cohen» de su apellido significa literalmente «sacerdote». Esta interpretación sugeriría que la rebelión restableció el doble gobierno civil-religioso de las épocas anteriores. Sin embargo, en la jerarquía tradicional, el título de príncipe estaba por debajo del sumo sacerdote, lo que lleva a algunos a argumentar que Eleazar era el líder oficial de la rebelión. Sin embargo, tales afirmaciones son más que improbables, ya que no hay pruebas de que fuera siquiera un igual a Bar Kokhba. Los documentos del mar Muerto muestran claramente a Simón como el líder indiscutible de la rebelión. Incluso cuando se menciona a los dos juntos en las monedas, Simón aparece en el anverso y Eleazar en el reverso, aludiendo a que el primero era de mayor importancia.

La mención del sacerdote Eleazar indica que uno de los objetivos de la rebelión era la restauración del Templo. Sin embargo, no hay pruebas claras que apoyen esta teoría, ya que incluso la posición de Eleazar como sumo sacerdote es discutible. En primer lugar, su verdadera identidad es incierta. Los historiadores han encontrado un par de posibles candidatos, incluyendo a Eleazar de Modi'in, pero ninguno parece encajar adecuadamente. Otra posibilidad es que Eleazar fuera algún miembro aún no identificado de la rebelión. Sin embargo, es difícil determinar con precisión el grado de implicación de los sacerdotes en la rebelión. Algunos estudiosos incluso sostienen que Eleazar el Sacerdote no era una persona real, sino una referencia mesiánica de la figura bíblica del mismo nombre, el hijo de Aarón, el segundo sumo sacerdote. En cualquier caso, la mayoría de los historiadores aceptan que un tal Eleazar formaba parte del liderazgo de la rebelión.

Aparte de la sugerida trinidad al frente de la rebelión de Bar Kokhba, los documentos del desierto de Judea también mencionan a algunos de los miembros de menor rango de la rebelión. Estos documentos dan una idea de la organización funcional de la rebelión, mostrando que estaba dividida en sectores más pequeños dirigidos por un doble liderazgo militar y civil. La división exacta del territorio es incierta, pero parece que había tres unidades: la del norte, la del centro y la del sur, que abarcaban desde Jericó hasta el extremo sur del mar Muerto. Al menos, ese era el ámbito de control de Bar Kokhba en las últimas etapas del levantamiento, cuando se escribieron la mayoría de los documentos. Lo que queda claro en las cartas es que esos sectores estaban dirigidos por comandantes locales. La región central estaba bajo el mando de Yehonathan ben Bahyan, Eleazar ben Hitah y Mesbala ben Simeon. Yehoshua ben Galgola tenía el sector norte, mientras que Shimon ben Mattitya controlaba el sur. Además, hay un Yehudah ben Manasseh, que servía en Kiryat

Arabaya, en los límites occidentales de la rebelión, y un comandante superior llamado Elisha, al que informaban los comandantes de la región central. Este último indica una organización más jerárquica, pero su forma exacta es incierta.

Un peso utilizado por la administración de Bar Kokhba, que indica un control centralizado de los mercados, con la inscripción «Ben Kosba príncipe de Israel». Fuente: https://commons.wikimedia.org

Lo que está claro son las funciones que tenían estos comandantes militares. En primer lugar, tenían la tarea de ayudar a las tropas de Bar Kokhba, reclutar nuevos combatientes y enviar refuerzos allí donde fuera necesario. También mantenían la disciplina y el control sobre sus regiones, encarcelando a los desertores y a los que desobedecían. Aparte de los asuntos militares, parece que estos comandantes también se encargaban de la gestión de los suministros, sobre todo de los alimentos, así como de algunos artículos religiosos utilizados en los rituales. Esto se extendía al envío de estos suministros a otros campamentos militares, incluso directamente a Bar Kokhba. Estos comandantes también debían cumplir cualquier orden que proviniera de su líder, así como mantenerlo informado sobre los acontecimientos bajo su jurisdicción.

Junto a los comandantes estaban los llamados *parnasim* o administradores, que representaban la parte civil del gobierno rebelde. Una vez más, los documentos del desierto de Judea mencionan algunos de sus nombres, como, por ejemplo, Yehonathan ben Mahanaim, Yehonathan ben Yeshua, Horon ben Yishmael, Yeshua ben Elazar e Hillel ben Garis. Por los documentos, parece que su principal tarea era arrendar las tierras de Bar Kokhba de las que se había apropiado y recaudar los impuestos del diezmo. Estos se cobraban a la tasa antigua habitual de una décima parte de la producción agrícola de una parcela, lo que probablemente lo convertía en la principal fuente de ingresos de la rebelión. También se ocupaban de las quejas locales. Los textos del mar Muerto muestran que estos cargos eran temporales, ya que, por ejemplo, Yehonathan ben Yeshua fue sustituido como *parnasim* por Yehonathan ben Mahanaim. Si asumimos que la administración civil estaba modelada de la misma manera que la militar, también es posible suponer que tenían una organización jerárquica más desarrollada, pero no existe ninguna indicación clara de ello.

Otra cuestión sin respuesta es la relación entre el ejército y la administración civil. En los documentos hay pruebas claras de que ambas partes colaboraban. En un caso, el administrador preguntó al comandante si una vaca confiscada ilegalmente iba a ser devuelta a su legítimo propietario. Los militares también ayudaron a realizar confiscaciones de tierras en nombre de la administración civil. De estos ejemplos se desprende que las dos partes del gobierno trabajaban juntas. Parece que los mandos militares estaban obligados a ejecutar las decisiones de la administración civil, actuando casi como una rama ejecutiva del gobierno. A pesar de ello, no está claro si uno de los dos tenía rango sobre el otro o si eran jerárquicamente iguales, pero con jurisdicciones separadas. Lo que sí es cierto es que todos ellos debían cumplir las órdenes de Bar Kokhba y mantener su lealtad a la causa. Además, Bar Kokhba parecía intolerante con los actos destinados a obtener beneficios personales. En uno de los documentos, Simón reprende a algunos de ellos por anteponer sus asuntos privados a los intereses de la rebelión. Les dice que están comiendo y bebiendo la propiedad de la Casa de Israel sin mostrar preocupación alguna por sus hermanos.

Todas estas breves reflexiones, tanto en lo que respecta al carácter de Bar Kokhba como a la organización de la rebelión, presentan un esbozo de lo que hizo única a esta rebelión. Sin embargo, está claro que muchos aspectos de la rebelión de Bar Kokhba siguen siendo un misterio y que hay muchas más preguntas que aún esperan una respuesta.

# Capítulo 6 - El curso de la guerra

A diferencia de los enfrentamientos anteriores entre los judíos y los romanos, la rebelión de Bar Kokhba puso a prueba el poderío y la determinación del imperio a una escala totalmente nueva. Gracias a los amplios preparativos y a un liderazgo capaz, los judíos demostraron ser enemigos respetables para las bien entrenadas legiones romanas.

Es difícil estimar el tamaño de las fuerzas rebeldes, ya que las fuentes mencionan números imposibles de más de 400.000 hombres. Sin embargo, está claro que se contaban por decenas de miles. Su equipamiento era variado, aunque es probable que las fuerzas iniciales llevaran un blindaje más ligero y estuvieran armadas con armas menos profesionales. Sin embargo, después de conseguir derrotar a varios ejércitos romanos, saquearon su equipamiento. Así, un rebelde de Bar Kokhba podía llevar desde una túnica de lino o lana hasta una armadura de escamas o placas bien elaborada, similar a la que llevaban los romanos. También llevaban cascos y utilizaban escudos de madera, normalmente redondos y a veces reforzados con bordes de cuero. En cuanto a las armas, parece que los insurgentes utilizaban sobre todo espadas y lanzas, pero también se han encontrado varios cuchillos y dagas en los yacimientos arqueológicos. A veces, en momentos de necesidad, incluso recurrían a los cubiertos de cocina y a otros utensilios con hoja. La calidad de estas armas era muy variada, con variedades tanto de bronce como de hierro. Además, los rebeldes utilizaban arcos y flechas, lanzas y hondas. Todo ello aportaba una gran versatilidad a las tropas judías, pero les faltaba cohesión y entrenamiento. Sin embargo, tenían una moral alta y una motivación considerable.

Dos legiones romanas, con un total de 11.200 legionarios, se enfrentaron inicialmente a los rebeldes. Su prestigio y entrenamiento son bien conocidos incluso hoy en día, ya que fueron algunos de los primeros soldados profesionales pagados. Todos ellos iban completamente equipados con armaduras de escamas; en algunos casos más raros, también se utilizaban corazas de placas. También llevaban escudos de madera, rectangulares o redondos, reforzados con hierro en el centro. Las armas romanas incluían una jabalina, conocida como *pilum*, capaz de atravesar escudos y armaduras, y una espada corta o *gladius*, perfecta para el combate cuerpo a cuerpo. Además, los legionarios estaban equipados con dagas. La legión entera también estaba organizada jerárquicamente, con un número de oficiales capaces de operar en escuadrones más pequeños. El ejército regular romano también se complementaba con ciudadanos profesionales no romanos auxiliares, tanto en forma de caballería como de infantería. En general, el ejército romano era una máquina militar altamente eficaz, con unas treinta legiones activas durante el gobierno de Adriano. Desde el principio, estaba claro que la lucha judía no iba a ser fácil, ni el éxito era seguro.

Para maximizar sus posibilidades de lucha, Bar Kokhba ideó una estrategia: utilizar el elemento sorpresa para expulsar a las guarniciones romanas locales. Dado que se extendían por las carreteras y varias ciudades, serían presa fácil para los insurgentes. Una vez que los rebeldes hubieran tomado el control de Judea propiamente dicha, formarían su propio estado. Esto proporcionaría los recursos para una resistencia prolongada, e idealmente, la longevidad de la rebelión atraería a más combatientes a la causa.

Parece que Simón eligió inicialmente Herodium, una vieja fortaleza abandonada de la época de Herodes el Grande, como su base. Tenía unas fortificaciones formidables y estaba situado a nueve millas (quince kilómetros) al sureste de Jerusalén. Sin embargo, más tarde eligió Betar, una ciudad bien defendida en la cima de una colina a unos diez kilómetros al suroeste de Jerusalén. Desde allí, Bar Kokhba planificaría y orquestaría su guerra de guerrillas, utilizando tácticas de ataque y huida para desgastar la voluntad de lucha de los romanos. Era imperativo evitar enfrentamientos directos a gran escala con un enemigo tan superior. Utilizando el conocimiento del terreno local y las redes de túneles preparadas con antelación, los insurgentes judíos podrían tender emboscadas a las legiones romanas, más pesadas y lentas, eliminando sus caravanas de suministros y acosando su retaguardia. Si se empleaban adecuadamente, estas tácticas podían ganar a las legiones romanas, lo que se demostró en la campaña germánica de Octavio y en la aplastante derrota en el bosque de Teutoburgo.

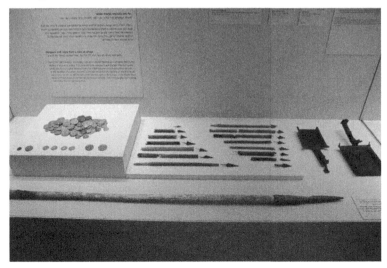

Armas y monedas de la rebelión de Bar Kokhba. Fuente: https://commons.wikimedia.org

Con un plan ideado y los preparativos realizados, la rebelión de Bar Kokhba comenzó en el 132 d. C., muy probablemente durante los meses de verano. Sin embargo, antes de continuar con la campaña, debemos hacer una nota importante. Las fuentes que cubren la tercera guerra judeo-romana están lejos de ser perfectas. Las fuentes romanas no entran en demasiados detalles sobre el curso exacto del conflicto, sino que solo dan una visión general. Además, algunas de ellas fueron escritas mucho más tarde por autores cristianos cuyos sentimientos hacia los judíos eran más que negativos, lo que las hace poco fiables. Del mismo modo, la mayoría de los textos rabínicos de las épocas posteriores están llenos de motivos legendarios, lo que hace que sus relatos sean tan cuestionables como los textos cristianos. Sin embargo, estos relatos rabínicos contienen narraciones más detalladas, que pueden servir de guía. La arqueología y los documentos del mar Muerto han ayudado a rellenar algunas de las lagunas, pero en general, la historia exacta de la rebelión de Bar Kokhba no puede contarse de forma fiable. Por este motivo, hay muchas especulaciones. No obstante, esta guía le presentará una composición probable de todas estas fuentes, que debe tomarse con prudencia.

Se desconoce la fecha exacta de inicio de la rebelión de Bar Kokhba, así como los detalles de los enfrentamientos iniciales. Hay dos posibilidades probables. O bien comenzó con un único ataque a una de las guarniciones romanas, o bien fue un asalto coordinado de varios grupos rebeldes más pequeños que acabaron con las patrullas militares romanas. En cualquier caso, la táctica principal de los judíos era la emboscada y la sorpresa. En los primeros enfrentamientos, los insurgentes acosaban a los legionarios romanos mientras marchaban, ya que solían ir cargados con su equipaje y no llevaban todo su equipo. Por ello, eran bastante vulnerables y necesitaban tiempo para estar preparados para la batalla. Cuando se trataba de las tropas romanas estacionadas en ciudades y pueblos, los judíos probablemente habrían utilizado técnicas de asalto, como atacar a los soldados que patrullaban por detrás o en alguna trampa sorpresa.

Todas estas tácticas eran ya bien conocidas entre los judíos, ya que sus bandidos las habían utilizado durante décadas. Por eso, cuando los primeros informes llegaron a Tineyo Rufo, este no se alarmó. No era raro que en Judea se produjeran breves y localizados estallidos de disidencia mediante la violencia. El gobernador desestimó los ataques como hechos aislados, ya que estaba seguro de que sus legionarios acabarían restaurando el orden en la provincia.

Sin embargo, las guarniciones romanas dispersas fueron invadidas una a una, creando poco a poco un territorio rebelde libre. Su estrategia de guerrilla funcionó extraordinariamente bien. Los escritores cristianos posteriores mencionan que la región fue devastada, pero es más probable que esto signifique que estaba bajo el control de los insurgentes, ya que es poco probable que saqueen a su propia gente. El éxito inicial fue tal que comenzó a formarse un estado rebelde, lo que queda atestiguado por las monedas acuñadas. Celebraron el «Año Uno de la Redención de Israel», así como a su líder. Para entonces, Rufo debió darse cuenta de que era algo más que un simple bandolerismo, sino una rebelión a gran escala. Parece que la población judía en general empezó a mostrar signos de rebelión y a conceder apoyo a la causa de Bar Kokhba.

Las fuentes romanas añaden que los rebeldes pronto comenzaron a expresar su hostilidad abiertamente. Un disturbio tan generalizado obligó a movilizar legiones. En ese momento, la Legio VI Ferrata (Sexta Legión Acorazada) tenía su base en Galilea, mientras que la Legio X Fretensis (Décima Legión del Estrecho) estaba en Jerusalén. La seriedad con la que se tomaron la amenaza puede ser atestiguada por la excavación arqueológica del campamento de la Ferrata, donde parece que los propios legionarios enterraron el busto de Adriano para evitar que fuera capturado y desfigurado.

La moneda rebelde con la inscripción «Año Uno de la Redención de Israel».
Fuente: https://commons.wikimedia.org

El éxito inicial empezó a dar frutos para la causa de Bar Kokhba, ya que existen algunas pruebas de que los judíos de los territorios aún controlados por los romanos acudían al estado de Judea liberado. Para entonces, Tineyo Rufo se dio cuenta de que su adversario se llamaba Simón bar Kokhba o, como se transcribió incorrectamente, Cochebas o Bar Chocheba. Esto indica que el apodo de Simón ya había sustituido a su nombre de pila. También significa que el rabino Akiba ya lo había declarado como el Mesías, lo que llevó a Rufo a darse cuenta de la ideología nacional-religiosa que había detrás del levantamiento. Según las fuentes rabínicas, esto le llevó a prohibir las enseñanzas públicas de la Torá. Esta tradición también afirma que Akiba desafió la prohibición y siguió predicando el judaísmo abiertamente. Esto condujo a su ejecución, que el rabino afrontó con comentarios ingeniosos. Sin embargo, su muerte en el otoño del 132 es incierta y puede ser simplemente un mito.

Lo que sí es cierto es que el gobernador romano se enfrentó a sus peores temores: una parte importante de su provincia estaba en manos de los rebeldes. Aunque la extensión exacta es incierta, lo más probable es que abarcara la mayor parte de Judea propiamente dicha, sobre todo las zonas de las colinas de Judea, el desierto de Judea y partes del desierto del Néguev. No solo eso, sino que antes de que las fuerzas romanas consiguieran reagruparse y organizarse, dos legiones y sus auxiliares sufrieron considerables bajas por la campaña de guerrilla de Bar Kokhba. Esto dejó a Rufo entre la espada y la pared. Necesitaba detener la propagación del levantamiento y también trabajar en un contraataque para sofocar la rebelión. Una inseguridad prolongada en la región podría amenazar a todas las regiones orientales del Imperio romano. Para conseguir ambas cosas, Tineyo Rufo no tenía otra solución que pedir ayuda al emperador.

La respuesta de Adriano fue rápida, ya que se dio cuenta de que la rebelión judía era una grave amenaza a la que había que hacer frente de una vez por todas. Inmediatamente ordenó a las legiones vecinas que enviaran refuerzos, aunque solo a los destacamentos de cohortes (unidades de unos 480 soldados), no a las legiones completas. Así, partes de la Legio III Gallica, bajo el mando de Cayo Publicio Marcelo, el legado de la provincia de Siria, llegaron desde Siria. Desde Egipto, llegaron destacamentos de la Legio II Traiana. Por último, la Legio III Cirenaica (llamada así por el nombre romano de la actual Libia), dirigida por el comandante provincial Tito Haterio Nepote, llegó desde el este. Para Siria y Egipto, perder parte de su fuerza militar no fue un gran problema, ya que tenían más de una legión estacionada en ellos. Sin embargo, el traslado de Cirenaica dejó vulnerable a la mayor parte de la provincia árabe (también conocida como *Arabia Petraea*), sobre todo frente a otra rebelión judía. De hecho, algunos historiadores han sugerido que los judíos árabes se rebelaron y fueron masacrados por ello, pero la mayoría de los historiadores modernos no están de acuerdo con esa conjetura.

Sin embargo, para cuando estos refuerzos llegaron, ya era demasiado tarde. Llegó el otoño, poniendo fin a la temporada militar habitual. Para los rebeldes, fue un suspiro de alivio, ya que ahora tenían tiempo para seguir preparándose para el próximo contraataque romano. Es probable que reunieran suministros, fortificaran más posiciones y cavaran más túneles y escondites subterráneos. También es probable que el respiro se utilizara para fortalecer el gobierno rebelde, que habría proporcionado un control crucial sobre el territorio liberado. Las noticias de las victorias y la existencia de un

Estado judío renovado también atrajeron a más voluntarios y emigrantes de las regiones circundantes. Es probable que la llegada de los partidarios de Bar Kokhba desde otras provincias también aliviara la presión y la probabilidad de que se produjeran nuevos levantamientos en zonas como Arabia o Siria. Sin embargo, es razonable suponer que el gobierno romano reprimió fuertemente cualquier admiración pública por la rebelión judía. Y lo que es más importante, con la llegada de tropas adicionales, Rufo pudo contener la propagación de la rebelión y mantener el orden en otras partes de la provincia, lo que le habría permitido centrarse en el levantamiento en Judea propiamente dicho.

Las legiones romanas reanudaron su campaña en la primavera del 133. Comenzaron a ejercer una presión constante sobre los rebeldes, que demostraron ser más que su rival. Los textos rabínicos mencionan la determinación judía de no retroceder en la ofensiva a través de un relato apócrifo de dos hermanos que rechazan el paso de cualquier romano. Estas fuentes también hacen hincapié en los motivos religiosos de la rebelión, posiblemente insinuando una mayor creencia en la ideología mesiánica. Las victorias de Bar Kokhba sobre los romanos ciertamente contribuirían a legitimarlo como salvador. Sin embargo, lo más probable es que no hubiera ninguna batalla importante, ya que ninguna fuente lo insinúa siquiera. La única posibilidad vaga de un enfrentamiento más significativo proviene de los historiadores modernos.

Según algunos de ellos, la Legio XXII Deiotariana (llamada así en honor a Deyótaro, el rey celta de Asia Menor que la reclutó por primera vez) puede haber sido aniquilada por los rebeldes, lo que implica que hubo una batalla mayor. Sin embargo, esto se discute en gran medida, ya que la afirmación se basa en el hecho de que Deiotariana desapareció de la lista de legiones romanas entre los años 120 y 145 d. C. Hay muchas razones posibles para su desaparición, aunque algunas pruebas arqueológicas poco claras apuntan a que la legión estuvo presente en la región durante la rebelión. Algunos estudiosos incluso afirman que la falta de pruebas de su existencia después del año 120 se debió a la *damnatio memoriae*, la práctica romana de borrar a las personas de las cuentas oficiales. Es posible que una legión recibiera tal castigo a causa de una derrota vergonzosa. Al final, el verdadero destino de la Legio XXII no está claro. Lo que sí está claro es que los rebeldes judíos consiguieron repeler a las fuerzas romanas para que no sometieran su levantamiento, ya que su estado sobrevivió hasta el año 134 de la era cristiana.

Recreación moderna de la formación de «tortuga» romana utilizada durante la época imperial. Fuente: https://commons.wikimedia.org

Si algunos pudieron considerar el éxito de Bar Kokhba del 132 como una casualidad, la capacidad de resistir la presión romana a lo largo del 133 seguramente no lo fue. Esto influyó en la gente tanto dentro como alrededor del estado rebelde. Por un lado, la población judía de las tierras liberadas sentía que su estado era lo suficientemente estable como para arrendar tierras y pedir préstamos, como atestiguan los documentos del mar Muerto. Asimismo, el régimen de Bar Kokhba era lo suficientemente seguro como para ocuparse de los asuntos legales y administrativos locales mientras continuaba su lucha. Esta confianza influyó en otros pueblos no romanos que rodeaban Judea. Incluso más judíos acudieron a liberar

Israel, con la esperanza de comenzar una nueva vida y ayudar a lo que consideraban una causa justa. Las fuentes romanas también mencionan que personas de otras naciones comenzaron a unirse a la guerra, aunque más con la esperanza de obtener un beneficio personal que por su creencia en la causa. Hay algunos indicios de que mercenarios de Nabatea participaron en la campaña, aunque esto no es concluyente como tantos otros detalles. No obstante, los documentos de los rebeldes corroboran en cierta medida los relatos romanos, ya que algunos de ellos estaban escritos en griego, lo que indica una presencia extranjera.

Además, las fuentes cristianas posteriores también mencionan que Bar Kokhba persiguió a los cristianos que se negaron a unirse a su causa. Estas afirmaciones deben tomarse con prudencia, ya que el tono antijudío impregna esos textos posteriores. Es probable que el asesinato de cristianos por parte de los judíos fuera un intento de difamar a los primeros. Además, en la antigüedad tardía y en la Alta Edad Media aparecieron relatos similares de maltrato judío a los primeros cristianos para explicar por qué los judíos ya no eran «el pueblo elegido». En cualquier caso, es probable que hubiera al menos alguna fricción entre los dos grupos monoteístas. Desde la perspectiva cristiana, Bar Kokhba no podía ser el Mesías, ya que ese era el papel que desempeñaba Jesucristo. Aceptar a Simón significaría básicamente denunciar el cristianismo. Desde la perspectiva de Bar Kokhba, todos los que se negaron a ayudar a su rebelión eran una labialidad plausible. Además, hay algunos indicios de que, tras la destrucción del Segundo Templo, algunos líderes judíos intentaron erradicar todas las sectas judaicas en un esfuerzo por purificar su religión. Es posible que la rebelión de Bar Kokhba les diera el pretexto perfecto para enfrentarse a los cristianos, cuya identidad religiosa estaba aún en proceso de separación del judaísmo. Por tanto, parece probable que se produjera cierta violencia, aunque su alcance no está claro.

A pesar de todos los problemas internos y de las constantes amenazas de las legiones romanas, el estado rebelde de Judea sobrevivió a la temporada militar de 133 d. C. A medida que el año entraba lentamente en el invierno, los dos bandos enfrentados se acercaban. Como divulgan los documentos judíos, en algunas zonas, las dos fuerzas estaban estacionadas tan cerca la una de la otra que era demasiado peligroso para la población civil moverse libremente.

Otro año de tenaz resistencia fue demasiado para que Adriano lo soportara. Durante el invierno de 133/34, ordenó el envío de nuevas unidades y comandantes a Judea para hacer frente a Bar Kokhba y sus insurgentes judíos. Los destacamentos de la Legio X Gemina («Los Gemelos»), bajo el mando de Quinto Lolio Úrbico, llegaron desde Panonia Superior, una provincia que abarcaba partes de la actual Hungría, Croacia y Austria. Y lo que es más importante, Adriano ordenó al gobernador de Britania, Sexto Julio Severo, al que las fuentes romanas señalan como un general capaz, que se dirigiera a Judea. Hay indicios de que llevó consigo pequeños destacamentos de la Legio XX Valeria Victrix («Valeria Victoriosa», probablemente llamada así por uno de sus exitosos comandantes), así como posiblemente la Legio VI Victrix («Victoriosa»).

Sin embargo, el emperador sabía que había que acabar con la rebelión rápidamente, y para ello se necesitaban más tropas. También llegaron refuerzos de la Legio XII Fulminata («Rayo»), que tenía su base en Capadocia, así como de la Legio V Macedonica («Macedonia») y de la Legio XI Claudia («Claudio»), que procedían de Moesia (las actuales Serbia y Bulgaria). Además, algunos historiadores modernos sostienen que la Legio IX Hispana («española») también fue a Judea y que fue aniquilada como la Deiotariana. Sin embargo, las pruebas de tales afirmaciones son aún más débiles que en el caso de Deiotariana, lo que las hace muy improbables. Algunas otras legiones también han sido vagamente vinculadas con la supresión del levantamiento judío, aunque solo ocasionalmente y sin un amplio apoyo académico. Así, en total, miembros de unas diez legiones participaron activamente en la represión de la rebelión de Bar Kokhba. Sin embargo, cabe destacar que solo tres legiones estuvieron presentes en su totalidad. Se trata de la Ferrata y la Fretensis, con base en Judea, y la Gallica siria. Junto con las legiones y sus destacamentos, había una serie de unidades auxiliares. Lo más probable es que fueran unas diez, aunque algunos historiadores modernos creen que podían ser más de cuarenta. En total, a principios del año 134 d. C., el ejército romano había preparado una fuerza de combate seria, de hasta sesenta mil efectivos.

La capacidad de movilizar un ejército de tal tamaño, compuesto por soldados de varias legiones y provincias, pone de manifiesto el momento poco favorable de la rebelión de Bar Kokhba. A diferencia de los levantamientos anteriores, esta vez el Imperio romano no tenía ninguna amenaza externa seria, lo que significaba que podía centrarse únicamente en la rebelión judía sin temor a la interferencia extranjera. Es posible que Bar Kokhba esperara que los partos vieran su levantamiento como una invitación a intervenir y reanudar las hostilidades con los romanos, aunque no hay pruebas de ningún contacto entre los rebeldes y los partos. El estado rebelde parece haber carecido de aliados, e incluso la diáspora judía más amplia en los imperios partos y romanos permaneció más bien pasiva.

Sin embargo, la rebelión no estaba condenada. Los rebeldes contaban con un formidable sistema defensivo de cuevas y fortalezas, así como con una gran fuerza de combate. Se desconoce su número exacto, pero algunos estudiosos hablan de hasta 200.000 personas. Sin embargo, estas estimaciones parecen excesivas cuando se ponen en perspectiva con la población judía total de Judea y el estado rebelde. Es más probable que el ejército de Bar Kokhba fuera al menos del tamaño de las fuerzas romanas o algo mayor, pero no superior a 100.000. Hay que señalar que, a diferencia de la fuerza romana, cuyo tamaño se puede suponer con algunas pruebas, el tamaño del ejército rebelde es casi totalmente conjetural.

En cualquier caso, los dos bandos reanudaron las operaciones militares a principios del año 134 de la era cristiana. Las fuentes romanas indican que el comandante en jefe del ejército romano se había convertido en Sexto Julio Severo; sin embargo, la estructura de mando exacta sigue siendo desconocida. Es plausible que él ideara la estrategia general, pero que no tuviera mando directo sobre los demás generales, incluido Rufo. Otras posibilidades son que Rufo mantuviera su posición de gobierno general, ya que era su provincia, o que todos los legados trabajaran juntos como iguales. Algunos estudiosos también han sugerido que Rufo pudo haber muerto en combate en las campañas de 132/133, lo que permitió a Severo asumir la supervisión exclusiva de los esfuerzos bélicos. Más importante que eso es el hecho de que la ofensiva romana golpeó con más fuerza que antes y tuvo nuevas tácticas. Las fuentes romanas nos dicen que las legiones ahora evitaban los ataques abiertos contra los grupos más grandes de los rebeldes judíos. En su lugar, comenzaron a perseguir a los grupos más pequeños, separando y aislando las fortalezas insurgentes y cortando sus líneas de suministro y comunicación. Esto permitió al ejército romano destruir lentamente la fuerza rebelde pieza por pieza, evitando peligrosos y costosos enfrentamientos.

Los hallazgos arqueológicos permiten comprender lo sangrientas y exitosas que fueron estas tácticas romanas. Un asentamiento fortificado llamado Kirbet 'Ethri, a unas diecisiete millas (veintisiete kilómetros) al suroeste de Jerusalén, es un buen ejemplo. Muestra las estructuras adicionales y los elementos defensivos construidos por los rebeldes en preparación para la ofensiva romana, que, al final, resultó inútil. En el interior de las cámaras subterráneas hay muchos signos de la venganza de los romanos. Existen pruebas de un gran incendio, y una de las estructuras albergaba los restos de doce individuos, entre ellos mujeres y niños. Los romanos no perdonaron a nadie, y hay pruebas de que algunos de los rebeldes fueron ejecutados por decapitación. Para empeorar las cosas, el examen de los restos sugiere que todos los cadáveres se dejaron pudrir durante un tiempo antes de ser enterrados, lo que probablemente ocurrió después del final de la rebelión.

Sin embargo, incluso la arqueología aporta confusión a la historia de la rebelión de Bar Kokhba. En el emplazamiento de un campamento de la legión romana en el sur de Galilea, en la región de Tel Shalem, se encontró un arco de triunfo que muy probablemente representaba una victoria romana sobre los insurgentes judíos. Esto llevó a algunos estudiosos a deducir que en las cercanías se produjo una batalla importante, si no crucial. No hay ninguna otra razón para erigir un monumento así en un lugar relativamente poco importante. Si la afirmación es cierta, sugeriría que se produjo al menos un enfrentamiento a gran escala entre los legionarios y los rebeldes. Además, podría explicar por qué el estado rebelde comenzó a desmoronarse y perdió una parte sustancial de su poder de combate. Sin embargo, muchos historiadores tienden a discrepar de esta presunción. Es poco probable que la rebelión se extendiera tan al norte, y todas las demás pruebas apuntan a que los rebeldes lucharon principalmente en su «territorio». No hay ninguna razón viable para que marchen con una gran fuerza directamente hacia su enemigo y acepten una batalla abierta. Es totalmente contrario al núcleo de la estrategia de Bar Kokhba. Además, los rebeldes fueron definitivamente superados por el ejército romano incluso sin perder una fuerza considerable en una sola batalla.

En cualquier caso, es cierto que durante el año 134 d. C., las legiones romanas ejecutaron su feroz e implacable supresión de la rebelión con implacable eficacia. Su control sobre el estado de Bar Kokhba se hizo más estricto. Parece que, por aquel entonces, Simón decidió trasladar su cuartel general a la fortaleza de Betar, situada en la cima de una colina. La presión se sintió definitivamente en el liderazgo de la rebelión. Los documentos y cartas del mar Muerto indican que Simón comenzó a exigir el estricto cumplimiento de sus órdenes. Es una señal de que la cohesión y la disciplina entre las unidades insurgentes se convirtieron en una de sus preocupaciones.

También indica que la moral de sus combatientes y su organización comenzaron a deteriorarse. Sin embargo, otros documentos y monedas acuñadas sugieren que la vida continuó con normalidad en el interior de Judea. Los civiles seguían confiando en su gobierno rebelde para continuar con los préstamos y otros acuerdos legales. Así, la rebelión y su gobierno sobrevivieron hasta el año 135, a pesar de ser sacudidos por el avance romano.

Sitio arqueológico de la fortaleza de Herodium. Fuente: https://commons.wikimedia.org

El tercer año de la tercera guerra judeo-romana fue cuando la suerte de los judíos se invirtió por completo. En la primavera, los romanos reanudaron su ofensiva, adentrándose en el territorio de los insurgentes. Aunque se desconoce la fecha exacta, parece probable que Herodium cayera a principios del año 135 de la era cristiana. Los túneles y los muros improvisados no fueron rivales para las experimentadas legiones romanas. Después de tomar el que era el segundo bastión rebelde más importante, Severo se dirigió a atacar la cabeza de la rebelión, que estaba más al este, en las colinas de Judea.

Según las fuentes cristianas posteriores, quedó claro para todos los judíos que ninguna fortificación o pasadizo subterráneo podría soportar el implacable avance romano. Para entonces, los civiles de Judea reunieron sus objetos de valor y sus familias, y se dirigieron a la fortaleza más cercana. Muchos eligieron Betar, ya que era claramente el más fuerte de todos los bastiones rebeldes. Las fuentes rabínicas indican, a través de otro relato apócrifo, el gran número de refugiados en el fuerte. Según ellas, había cuatrocientas sinagogas con cuatrocientos maestros que tenían cada uno cuatrocientos alumnos. Por supuesto, la cifra sugerida de 160.000 alumnos es una gran exageración, pero indica lo abarrotada que estaba la ciudad. Además, algunas fuentes mencionan que había ochenta mil soldados. Una vez más, se trata de una hipérbole, pero sugiere que las fuerzas defensivas eran aún considerables.

No pasó mucho tiempo después de la caída de Herodium cuando las tropas romanas llegaron al valle bajo Betar. Los legionarios encontraron inmediatamente la única fuente de agua para toda la ciudad, y colocaron vallas y guardias para impedir que los judíos reabastecieran sus reservas de agua. Luego, probablemente al mismo tiempo, ambos bandos comenzaron a levantar muros. Los defensores construyeron las nuevas murallas y torres, añadiendo otra capa de defensas a la ciudad. Al mismo tiempo, las legiones romanas construyeron sus propios muros de asedio para impedir que las líneas de socorro o reabastecimiento llegaran a la fortaleza.

Así, en el verano del 135, la capital del estado rebelde, con su líder aún dentro, quedó sitiada. El pueblo tuvo que sobrevivir únicamente con el agua almacenada en cisternas excavadas en la colina. Betar no iba a durar mucho, y ambos bandos eran conscientes de ello. Tanto las pruebas arqueológicas como las fuentes escritas indican que los asediadores romanos bombardearon la ciudad con catapultas y balistas, debilitando tanto las fortificaciones como la moral de los defensores. Supuestamente, Bar Kokhba ejerció su fuerza sobrehumana, atrapando los proyectiles de asedio romanos en el aire y lanzándolos de vuelta a los soldados. Por supuesto, esto es solo una representación mítica de los relatos rabínicos.

Restos de las murallas rebeldes construidas en Betar. Fuente: https://commons.wikimedia.org

Estos textos también transmiten la historia de cómo Bar Kokhba mató a su supuesto tío Eleazar de Modi'in un ataque de ira, ya que sospechaba que le había traicionado. Esto y algunos de los documentos del mar Muerto en los que Simón amenaza con un castigo si se le desobedece indican que para entonces había cierta desconfianza entre el príncipe de Israel y sus súbditos. Eso seguramente no hizo más que empeorar la posición de Bar Kokhba durante el asedio de Betar.

No obstante, los romanos parecen haber sido pacientes, ya que el asedio continuó durante un tiempo. No se sabe con certeza cuánto duró el bloqueo, pero parece que terminó en el verano del 135. Los textos rabínicos mencionan el 4 de agosto como el día de la caída de Betar, pero puede tratarse de otro aspecto legendario, ya que ese fue el día en que supuestamente se destruyeron tanto el Primer como el Segundo Templo. Lo que parece más seguro es que los legionarios esperaron lo suficiente para que el agotamiento debilitara a los defensores. Una vez que estuvieron seguros de que la fortaleza podía ser tomada sin demasiadas bajas, atacaron. Es posible que optaran por asaltar la fortaleza desde dos lados diferentes y estirar aún más los ya limitados recursos rebeldes.

Los combatientes de Bar Kokhba inundaron el avance de los romanos con flechas y piedras de honda, como demuestran los hallazgos arqueológicos. Es de suponer que las legiones se acercaron en algún tipo de formación protectora, como la famosa tortuga. Una vez que irrumpieron en la fortaleza, se produjo una lucha callejera. Los insurgentes judíos no tenían ninguna posibilidad de enfrentarse a los soldados romanos, mejor equipados y entrenados. Se produjo una masacre, ya que los romanos no tuvieron piedad. Mataron a todos los que capturaron, civiles o no. Aunque exagerados, los textos rabínicos recogen estos hechos. Estas fuentes mencionan que la gente fue envuelta en sus pergaminos religiosos y quemada viva, que a los niños se les rompió la cabeza y que los romanos reunieron las cabezas de los decapitados en cajas. Supuestamente, el suelo y los arroyos de los alrededores estaban cubiertos de la sangre de las víctimas judías. Entre los muertos estaba Bar Kokhba, aunque las fuentes rabínicas dan testimonios contradictorios sobre su muerte. Algunos mencionan que murió de causas naturales justo antes de la última batalla de Betar, mientras que otros dicen que fue asesinado durante la batalla, ya sea por un samaritano traidor o por orden de los sacerdotes judíos que lo marcaron como un falso mesías.

Tras la caída de Betar, la rebelión fue aplastada en su mayor parte. La columna vertebral del estado rebelde había desaparecido. A pesar de ello, los romanos continuaron con sus operaciones de limpieza hasta el año 136 de la era cristiana. Salieron a la caza de los focos restantes de las fuerzas insurgentes, matando a cualquiera que presumieran que era su miembro. Fue la destrucción sistemática de la población rebelde, ya que los romanos no querían que otra rebelión desestabilizara el este. Los judíos huyeron a las cuevas de las colinas que dan al mar Muerto. Llevaron consigo alimentos y otros artículos. Entre los objetos de valor que llevaron estaban los documentos que proporcionaban información muy necesaria sobre los detalles de la tercera guerra judeo-romana. Sin embargo, para entonces, los romanos conocían bien las cuevas de los rebeldes, por lo que no les costó encontrarlas. Mediante una combinación de fuerza e inanición, erradicaron los últimos restos de la rebelión sin mucho esfuerzo. Hacia el verano del 136, estos últimos refugiados de las cuevas callaron. La rebelión de Bar Kokhba había terminado finalmente, y había sido sofocada con sangre.

# Capítulo 7 - Algunas controversias en torno a la rebelión

La falta de fuentes fiables y detalladas, así como los limitados hallazgos arqueológicos, dejan la rebelión de Bar Kokhba envuelta en el misterio. Por ello, son muchos los estudiosos cuyos puntos de vista y opiniones chocan sobre los aspectos de esta rebelión. Algunos se han mencionado brevemente, pero todavía hay muchos temas debatidos que merecen atención.

El tema más importante que se discute es el alcance de la rebelión. Averiguar hasta dónde se extendió es importante para entender el levantamiento en sí, así como sus consecuencias. Este debate puede reducirse a dos puntos de vista principales: los maximalistas y los minimalistas. Los primeros proponen la mayor extensión de la rebelión judía, argumentando que abarcó toda la provincia de Judea, y algunos sostienen que se extendió incluso a Arabia y Siria. Hay algunas fuentes romanas posteriores que mencionan la rebelión judía en Siria y Palestina, y la participación activa de las legiones sirias invita a pensar que la rebelión se extendió a territorio sirio. En cuanto a las fuentes romanas, es probable que se trate de nombres anacrónicos, ya que, tras la rebelión de Bar Kokhba, la provincia de Judea pasó a llamarse Siria Palestina. En cuanto a la actividad de las legiones sirias, no era la primera vez que se desplegaban en Judea. Además, si Adriano ordenó refuerzos desde lugares tan lejanos como Britania, lo lógico sería recurrir primero a los ejércitos romanos más cercanos.

En cuanto a la participación de Arabia, el argumento principal se centra de nuevo en la participación militar de las legiones estacionadas allí, así como en los documentos escritos que mencionan a los judíos árabes que acudieron a Bar Kokhba. La participación de la única legión de Arabia en la represión de la rebelión aporta más peso al argumento. El uso de la única fuerza defensiva de una provincia fronteriza plantea muchas preguntas, pero una vez más, no es una prueba convincente por sí sola. Podría haber sido solo un riesgo calculado o una necesidad estratégica para impedir que la rebelión se extendiera a Arabia y causara su desestabilización. En cuanto a los documentos, el hecho de que los judíos árabes acudieran a Judea puede explicarse fácilmente por su deseo de apoyar una rebelión con cuyas causas se identificaban. Es una mera conjetura que los judíos árabes acudieran al estado rebelde para escapar de las represalias romanas por una supuesta rebelión fallida propia. Al final, el mayor problema en los argumentos en torno a Arabia y Siria es la falta de pruebas arqueológicas de cualquier levantamiento sustancial en esos estados. Así, aunque pudo haber algún tipo de disturbio local, parece poco probable que la rebelión de Bar Kokhba tuviera lugar dentro de estas dos provincias, al menos no en un grado significativo.

La cuestión de hasta dónde se había extendido el levantamiento dentro de la provincia de Judea es mucho más discutible. Yendo de norte a sur, uno se encuentra primero con Galilea, una región que había conservado su carácter judío en la época de la rebelión de Bar Kokhba. Estrechamente conectada históricamente con Judea propiamente dicha, era una candidata principal para participar en la rebelión. Una vez más, los historiadores recurrieron primero a las fuentes históricas. Solo un texto cristiano menciona a Galilea por su nombre en relación con la tercera guerra judeo-romana, pero fue escrito aproximadamente durante la época de una rebelión judía posterior. Por lo tanto, es más probable que se trate de un error anacrónico que relaciona los dos acontecimientos. En cuanto a las fuentes rabínicas, Galilea no se menciona directamente. Hay algunas aldeas, puestos de guardia y otros lugares similares citados por su nombre, que los estudiosos modernos vincularon de forma no concluyente con la región. Sin embargo, tales razonamientos carecen del peso adecuado para constituir un argumento concluyente.

Otra prueba cuestionable de estos textos es la supuesta destrucción de Galilea tras la rebelión, que indica su participación y el posterior castigo romano. Sin embargo, la mayoría de los estudiosos rechazan que estos relatos infieran a Galilea o que realmente describan medidas punitivas. Por ejemplo, una fuente menciona la tala de olivos. Mientras que algunos historiadores lo ven como una represalia por un posible levantamiento en Galilea, otros afirman que era simplemente una necesidad relacionada con el esfuerzo bélico. También hay una falta crucial de pruebas arqueológicas de la participación galilea en la rebelión. No hay signos de destrucción o violencia generalizada que indiquen que se produjo un levantamiento en la región. Además, solo se ha encontrado un puñado de monedas rebeldes, que indican claramente que el estado de Bar Kokhba no se extendía tan al norte. Los arqueólogos sí encontraron varios túneles excavados en la región, lo que posiblemente alude a la preparación de un levantamiento. Sin embargo, algunos de ellos fueron excavados ya en la gran revuelta judía. Su relación con la rebelión de Bar Kokhba está aún por determinar. Es posible que hayan sido utilizadas por los bandidos de la época o como escondite para los judíos que temían que las represalias romanas no se limitaran a Judea.

Otra prueba histórica que vincula a Galilea con la rebelión judía es una de las cartas escritas por el propio Simón. En ella, amenazaba a uno de sus subordinados si se producía algún daño a los galileos que estaban con él. Sin embargo, esta carta está lejos de ser concluyente.

La identidad del grupo que Bar Kokhba trataba de proteger es incierta, ya que gira en torno a la interpretación de una sola palabra. Además, aunque se acepte que se refiere a los galileos, el grupo en cuestión podría haber sido de refugiados o partidarios que llegaron a Judea para ayudar a la causa rebelde.

Por último, existe la posibilidad de que la rebelión hubiera llegado hasta el sur de Galilea, hasta el valle del río Jordán y Tel Shalem. Como se mencionó en el capítulo anterior, algunos estudiosos sostienen que allí se produjo una gran batalla debido al arco de triunfo erigido tras la rebelión. Sin embargo, algunos proponen que el arco fue construido en realidad por una legión en el momento de la primera llegada de Adriano a Palestina en el año 130 d. C. como celebración y bienvenida a su emperador. Además, no hay pruebas arqueológicas ni escritas de un conflicto mayor en la región, lo que sería de esperar si existiera, especialmente si el arco se construyó por orden del Senado, como algunos han argumentado.

En cualquier caso, no hay pruebas concretas de una rebelión en Galilea. En el mejor de los casos, solo hay pruebas circunstanciales de un levantamiento. La pregunta es, ¿por qué Galilea permanecería pacificada? Sus estrechos lazos con Judea propiamente dicha y el judaísmo harían suponer que los galileos participarían en el levantamiento de Bar Kokhba. Hay varias posibilidades. Tal vez Galilea se unió a la guerra de Kitos y todavía se estaba recuperando de su anterior derrota, o tal vez sus residentes posiblemente aceptaron su destino como súbditos romanos. Además, una legión estacionada en la región contribuiría a su pacificación. Sin embargo, hay que señalar que una legión estacionada en Jerusalén/Aelia Capitolina no detuvo la rebelión en Judea propiamente dicha.

Inscripción de un arco de triunfo dedicado a Adriano en Tel Shalem. Fuente: https://commons.wikimedia.org

Otra región discutida por muchos estudiosos es la costa de la provincia de Judea. Los maximalistas concluyen que la costa fue conquistada por los insurgentes porque hay una serie de monedas de Bar Kokhba que fueron acuñadas sobre monedas originalmente acuñadas por algunas de las ciudades costeras. Además, la tradición rabínica menciona que uno de los rabinos notables tenía una flota de mil barcos que fue destruida durante la rebelión, lo que indica que hubo una batalla naval entre las flotas romana y judía. A estas conclusiones contribuye una inscripción romana que menciona a un oficial naval condecorado por su participación en la tercera guerra judeo-romana.

Para explicar cómo los rebeldes lograron conquistar estas tierras, algunos estudiosos recurren a la supuesta destrucción de la Legio XXII Deiotariana, procedente de Egipto. Según esa interpretación, los judíos lograron el dominio de la costa y conquistaron importantes ciudades al derrotar a esa legión. De ser cierto, el estado rebelde habría sido un enemigo bastante formidable y peligroso, ya que habría cortado la conexión directa entre Siria y Egipto, dos de las provincias romanas orientales más importantes.

Sin embargo, las conclusiones parecen poco probables y se basan en conjeturas. Las monedas sobretroqueladas podrían proceder fácilmente de la circulación general de la zona. Además, las ciudades conectadas en su acuñación, sobre todo Gaza y Ashkelon, siguieron emitiendo monedas durante toda la rebelión, lo que habría sido imposible si estuvieran bajo el control de Bar Kokhba. En cuanto a las batallas navales propuestas, las fuentes rabínicas son claramente poco fiables, y este relato podría ser una de sus partes legendarias. En cuanto a la inscripción romana, hay dos posibles explicaciones. Una es que su armada fue redesplegada en el mar Muerto para sellar la rebelión de Arabia. La conclusión más probable, sin embargo, es que el oficial condecorado fue premiado por su participación en el transporte de soldados y equipos a través del Mediterráneo. Construir una armada militar no era una tarea fácil, por lo que es bastante improbable que los insurgentes judíos pudieran haber hecho una capaz de desafiar a los romanos.

Además, hay una clara falta de pruebas arqueológicas que apoyen cualquier lucha o destrucción en la costa de Judea. También hay que tener en cuenta que la población judía no era una clara mayoría en la región. Había una considerable población griega en las ciudades costeras, así como muchas otras minorías paganas y los primeros cristianos. Controlar efectivamente a una población que no apoyaba el levantamiento habría sido una tarea difícil para el estado rebelde. Además, lo más probable es que provocara cierta represión contra la población no judía de la zona. Ninguna fuente histórica o evidencia arqueológica insinúa esto. Por lo tanto, lo más probable es que el control rebelde de la llanura costera no sea más que una suposición.

Por el contrario, existen claros indicios de que en Samaria hubo cierta actividad rebelde. Estos van desde los escondites subterráneos, algunas monedas de Bar Kokhba, hasta la clara presencia del ejército romano. Sin embargo, parece que la rebelión aquí se extinguió antes de que tuviera la oportunidad de consumir todo el territorio, muy probablemente porque las tropas romanas lograron sofocarla a tiempo. Por lo tanto, en el caso de Samaria, la cuestión principal es si la rebelión samaritana estaba relacionada con la judía. Los textos rabínicos hacen una asociación directa y culpan en parte a los samaritanos de la caída de Bar Kokhba. Según ellos, la traición samaritana aceleró la caída de Betar. Sin embargo, no tienen claro si los samaritanos actuaron como espías infiltrados en la rebelión o como miembros que decidieron cambiar de bando. Las fuentes samaritanas, que fueron escritas varios siglos después de la rebelión, pintan una imagen similar de ellos ayudando a Adriano a conquistar Jerusalén contra los judíos. Dejando de lado el hecho de que Jerusalén no estaba bajo el control de los rebeldes, lo que se discutirá más adelante en el capítulo, indica que los samaritanos participaron en la tercera guerra judeo-romana, pero no como aliados de los judíos.

Sin embargo, estas dos fuentes históricas no son fiables y pueden estar sesgadas por la infame rivalidad judeo-samaritana. Además, si los samaritanos eran enemigos de los judíos, ¿por qué hubo actividad militar en su territorio? La explicación de algunos historiadores es que sus dos rebeliones fueron en realidad movimientos completamente separados. En primer lugar, después de la destrucción del Segundo Templo, la animosidad entre las dos naciones israelitas disminuyó por un tiempo. En cualquier caso, los samaritanos no tenían ningún objetivo político común con los judíos en lo que respecta a su rebelión. La causa más probable de la rebelión samaritana fue que Adriano planeaba construir un templo pagano en el Monte Gerizín, la contraparte samaritana del Monte del Templo judío. A pesar de que su templo central fue destruido hace tiempo, los samaritanos seguían percibiendo ese lugar como sagrado. Esto provocó levantamientos espontáneos en las zonas rurales, mientras que las ciudades permanecieron pacificadas, probablemente gracias a la presencia de guarniciones romanas. El alcance imprevisto y limitado de su rebelión también explicaría por qué los romanos se ocuparon de ella de forma rápida e indolora.

El curso de los acontecimientos en Samaria solo da pistas indicativas de su no participación en la rebelión de Bar Kokhba. Los acontecimientos posteriores a la rebelión ofrecen pistas más concluyentes. Mientras que Judea propiamente dicha sufrió una devastación generalizada, Samaria solo vio una destrucción limitada. Si se hubieran puesto del lado de los judíos, las medidas punitivas habrían sido casi con toda seguridad mayores. Además, los samaritanos resultaron ser los beneficiarios del castigo de los judíos. Cuando grandes zonas de la provincia de Judea quedaron abandonadas, fueron colonizadas por los samaritanos. Incluso la tradición rabínica lo menciona. Parece poco probable que se permitiera tal proceder si estuvieran de algún modo vinculados a la causa de Bar Kokhba. De hecho, parece probable que la migración de los samaritanos a las tierras judías que antes poseían y la posterior competencia económica entre los dos grupos reavivó su animosidad mutua. Esto explicaría por qué sus fuentes posteriores trataron al otro como un enemigo.

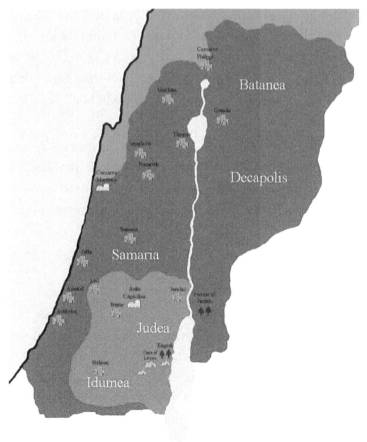

Territorio de la extensión más probable de la rebelión de Bar Kokhba. Fuente: https://commons.wikimedia.org

Esto deja solo a Judea propiamente dicha, que puede, sin ninguna duda, estar vinculada tanto a la rebelión como al estado rebelde. Los hallazgos arqueológicos y las fuentes escritas lo corroboran. La región está llena de monedas, fortalezas y túneles de Bar Kokhba. Algunos de los pueblos y ciudades que participaron se mencionan incluso por su nombre en algunos de los documentos del mar Muerto. Sin embargo, recrear el tamaño exacto del estado rebelde dentro de Judea va más allá de los detalles de esta guía. Basta con decir, a grandes rasgos, que abarcaba los montes de Judea y el desierto de Judea, así como la costa occidental del mar Muerto. La rebelión se extendió hasta el norte del desierto del Néguev o Idumea, como se conocía antes la región. Así, parece que el estado rebelde abarcaba la mayor parte de Judea propiamente dicha; casi recreaba las fronteras del antiguo reino de Judá. Sin embargo, eso deja otra controversia respecto a la extensión territorial de la rebelión: la cuestión de Jerusalén.

Muchas de las fuentes posteriores, tanto cristianas como judías, mencionan o insinúan de una forma u otra que Bar Kokhba y sus rebeldes consiguieron conquistar Jerusalén a los romanos. Algunos incluso llegan a afirmar que los judíos reconstruyeron el Templo y restauraron sus antiguos rituales. Una afirmación similar se encuentra en algunas fuentes romanas posteriores, que mencionan que Adriano retomó Jerusalén de los judíos. Los estudiosos modernos han añadido a este argumento una inscripción epigráfica tallada por los legionarios romanos en la ciudad. Algunos toman esto como un indicio de que un evento importante ocurrió en Jerusalén durante la rebelión. Por último, un gran número de monedas acuñadas por el estado rebelde tienen la inscripción «para la liberación de Jerusalén», lo que da un respaldo arqueológico a las fuentes escritas. También hay monedas con la inscripción «Jerusalén», lo que lleva a algunos estudiosos a deducir que se acuñaron en la ciudad tras su captura. Además, algunas de las monedas tienen imágenes del Templo, así como otros simbolismos relacionados con el santuario. Esto se tomó como una prueba más de la conquista de Jerusalén y de la restauración del Templo.

Sin embargo, los investigadores modernos han cuestionado estas afirmaciones. En primer lugar, la mayoría de las fuentes que hablan directamente de la conquista de Jerusalén fueron escritas mucho más tarde, y estaban mezcladas con visiones legendarias y anacrónicas. Incluso la fuente romana que menciona la reconquista de la ciudad por parte de Adriano hace afirmaciones similares a otras figuras históricas que nunca conquistaron Jerusalén, como Vespasiano o Ptolomeo, lo que la hace poco fiable. En cuanto a las inscripciones epigráficas, parece más probable que estuvieran relacionadas con el entierro de los soldados; quizás incluso murieron en acción durante la rebelión. Y lo que es más importante, algunos estudiosos modernos han cuestionado las imágenes e inscripciones de las monedas de Bar Kokhba. Según su interpretación, la línea «para la liberación de Jerusalén» se refería a los objetivos de los rebeldes. Asimismo, las representaciones del Templo y otros simbolismos eran probablemente una especie de propaganda, tanto para elevar la moral de las tropas de Bar Kokhba como para atraer a más judíos a su causa. Además, solo unas pocas monedas rebeldes se encontraron en la ciudad, lo que indica que nunca cayó bajo el control de Bar Kokhba. Por si fuera poco, los romanos acuñaron continuamente sus monedas de Aelia Capitolina durante el transcurso de la rebelión, lo que implicaría su control ininterrumpido sobre la ciudad.

El último argumento contra la conquista de Jerusalén es de tipo lógico. Los historiadores afirman que tal acto sería casi imposible para las fuerzas rebeldes, ya que no tenían ni la experiencia ni el equipo para obligar a la guarnición romana a abandonar su fortaleza. Un asedio prolongado también les dejaría expuestos a un ataque de otras legiones en las cercanías. Parece poco probable que el estratégicamente talentoso Bar Kokhba se arriesgara a ello. Por ello, aunque algunos estudiosos siguen aferrándose a la tradición de la liberación de Jerusalén, la mayoría de los historiadores modernos coinciden en que esto no ocurrió.

Moneda de Bar Kokhba con la representación del Templo y el texto «por la libertad de Jerusalén». Fuente: https://commons.wikimedia.org

Parece más probable que el estado rebelde se limitara a Judea propiamente dicha, excluyendo a Jerusalén. A pesar de ello, hay que tener en cuenta que pudieron producirse revueltas y disturbios localizados, como el de Samaria. Además, no es imposible que, en algunos casos raros, las tropas de Bar Kokhba se desplazaran fuera de sus dominios a los territorios vecinos, tal vez con la esperanza de agitar o ayudar a las rebeliones locales.

Teniendo esto en cuenta, otra controversia rodea a los participantes en la insurrección. Sin duda, participaron los judíos de Judea e incluso de las provincias circundantes. La cuestión surge en torno a la participación de los gentiles en el levantamiento. En el capítulo anterior se mencionó que los no judíos acudieron a la rebelión judía con la esperanza de obtener beneficios personales. En general, hay consenso en que los gentiles sí participaron, aunque algunos estudiosos modernos cuestionan tal conclusión. Su principal punto de crítica es que las cartas del mar Muerto no son concluyentes y podrían haber sido escritas por judíos, aunque estuvieran en griego. Además, una sola fuente romana no es suficiente para confirmar de forma innegable la participación de personas no judías en la rebelión de Bar Kokhba.

A pesar de ello, la mayoría de los historiadores simplemente ven suficientes pruebas para mantener sus afirmaciones, creando un consenso académico. Sin embargo, hay dos interpretaciones diferentes sobre las razones de la participación de los gentiles en la rebelión de Bar Kokhba. Está la enseñanza más tradicional que se ciñe a la descripción exacta de las fuentes romanas, que afirma que vinieron por su propio beneficio. Tal vez fueran aventureros o mercenarios que esperaban obtener algún botín de guerra. Aunque esto no puede pasarse por alto, otros estudiosos piensan que tales afirmaciones fueron hechas por los historiadores romanos o posiblemente por sus transcriptores posteriores para enfatizar el carácter judaico de toda la rebelión. Estos historiadores modernos señalan que había amplias clases no judías subyugadas y desfavorecidas en Judea que podrían haber visto algunos objetivos compartidos con los judíos. Ambos pensaban que la eliminación del dominio romano mejoraría sus vidas. Sin embargo, en el caso de los gentiles, la rebelión tenía como objetivo mejorar su situación social y económica reduciendo el poder y el estatus de la élite aristocrática, que era la base del dominio romano en la región. Ambas interpretaciones son plausibles, lo que significa también que no se puede determinar con precisión el alcance real de la participación de los gentiles en el levantamiento.

La cuestión de los cristianos se mencionó brevemente en el capítulo anterior. Es casi seguro que los cristianos no tomaron parte en la rebelión de Bar Kokhba, especialmente si se tiene en cuenta que los insurgentes judíos muy probablemente nunca conquistaron ninguna ciudad con una población cristiana importante.

El único debate que queda es el de la participación del emperador Adriano. El emperador estaba en Grecia en el año 132 d. C., justo cuando Bar Kokhba comenzó su rebelión. Cuando el gobernador de Adriano empezó a perder el control de la situación, se interesó personalmente en lo que obviamente se estaba convirtiendo en una gran agitación en su imperio. Según algunos historiadores, la incapacidad de Rufo para someter a los judíos llevó al emperador a navegar de vuelta a Palestina para tratar el asunto directamente.

Según las fuentes rabínicas, Adriano tomó el control de las fuerzas romanas y participó personalmente en las batallas. Sin embargo, los aspectos míticos de estos textos impiden una vez más que sean fuentes concluyentes, sobre todo porque se menciona al emperador dirigiendo el asedio de Betar en el año 135. Es innegable que llegó a Roma a finales de la primavera o principios del verano del año 134. Las numerosas inscripciones romanas son más reveladoras. En muchas ocasiones se habla de la guerra como *expeditio Iudaica*, un término reservado a los conflictos en los que participaba personalmente el emperador. Además, un oficial de la guardia pretoriana imperial recibió una medalla por su participación en la rebelión, lo que indica que Adriano y sus guardaespaldas estuvieron presentes en el campo de batalla de Judea. Menos convincente es la supuesta carta del emperador a un afamado ingeniero, Apolodoro de Damasco, pidiéndole consejo sobre cómo utilizar las máquinas de asedio en regiones montañosas. Esto llevó a algunos estudiosos a suponer que el emperador necesitaba esta información para la campaña en las montañas de Judea.

Busto de Adriano encontrado en Tel Shalem. Fuente:
https://commons.wikimedia.org

Esto es suficiente para que algunos historiadores afirmen que
Adriano dirigió personalmente la guerra contra Bar Kokhba en el año
133 d. C., que fue aproximadamente el período entre el momento en
que el levantamiento se hizo lo suficientemente serio como para
justificar la presencia imperial y la llegada de Severo. Sin embargo,
hay un problema con la teoría de la participación directa de Adriano:
las fuentes romanas no mencionan que el emperador participara
personalmente en el conflicto. Es cuestionable que nombren a
Severo, pero guarden silencio sobre el papel del emperador. El único
indicio en estas fuentes es que el supuesto informe de Adriano al
Senado omite la habitual frase introductoria que indica que él y sus
legiones gozaban de buena salud. Sin embargo, tal conjetura parece
un poco exagerada. Otra posible interpretación de los hechos es que
Adriano efectivamente viajó a la región, pero no asumió el control

general. Es posible que la guardia del emperador participara en algunos combates como apoyo antes de que llegaran otros refuerzos, mientras que Adriano se limitó a supervisar los acontecimientos generales, siendo la campaña real dirigida por sus generales de confianza. Así, su proximidad y participación indirecta fueron suficientes para que la guerra se convirtiera en una *expeditio*. Por último, también es concebible que Adriano asumiera el control de la campaña de Judea tras la supuesta muerte de Rufo en algún momento del año 133, solo durante unos meses antes de la llegada de Severo. En cualquier caso, está claro que la rebelión de Bar Kokhba consiguió ocupar por completo la atención del emperador, al menos durante un tiempo, lo que indica la gravedad de la amenaza que suponía para el Imperio romano.

Con esto, se han cubierto la mayoría de los principales argumentos que rodean la tercera guerra judeo-romana. Existen algunos otros debates menos importantes que entran demasiado en detalle para una guía introductoria como esta. Por ejemplo, algunos estudiosos han evaluado la probabilidad y el nivel de participación de cada unidad romana, incluidas las docenas de destacamentos auxiliares. Otros han tratado de averiguar exactamente qué sabios y rabinos estaban vinculados a la causa de Bar Kokhba. Sin embargo, estos argumentos, sea cual sea la opinión de cada uno, no cambiarían mucho la naturaleza y el alcance de la rebelión.

# Capítulo 8 - Consecuencias

La rebelión de Bar Kokhba dejó una huella considerable en la historia, a pesar de que apenas duró cuatro años y de que no cambió mucho dentro del Imperio romano, al menos a primera vista. Judea siguió formando parte del imperio, el estatus de los judíos no cambió y el judaísmo se mantuvo al margen de la sociedad. Sin embargo, si se analizan en profundidad el resultado y los efectos de la tercera guerra judeo-romana, su importancia se hace evidente.

Lo más fácil de notar es la destrucción y la masacre que sufrieron los judíos de Judea. Los textos rabínicos no dan cifras precisas, pero sí mencionan una devastación a gran escala. Las fuentes romanas son algo más detalladas; afirman que cincuenta puestos de avanzada destacados y casi mil aldeas fueron arrasadas. También mencionan que los judíos perdieron unos 580.000 guerreros durante el enfrentamiento. Estas fuentes afirman que el número de personas que perdieron la vida a causa de las enfermedades, el hambre y los incendios es incontable. Por supuesto, estas cifras son exageradas, ya que parece poco probable que hubiera suficiente gente en toda la provincia de Judea para contabilizar tales pérdidas. Sin embargo, apuntan a la aniquilación de Judea propiamente dicha. Las pruebas arqueológicas apoyan estas afirmaciones, ya que la mayoría de los pueblos, fortalezas y otros lugares de la época de Bar Kokhba muestran signos de destrucción y muerte. Además, varias fuentes mencionan que un gran número de prisioneros judíos fueron vendidos como esclavos en el Mediterráneo oriental. Supuestamente, su número era tan elevado que los precios de los esclavos se redujeron hasta el coste de alimentar a un caballo por día.

A pesar de contar con fuentes y pruebas no contradictorias, sigue habiendo cierto desacuerdo entre los historiadores sobre el alcance de la devastación de Judea. En primer lugar, hay que señalar que los arqueólogos solo encontraron signos de destrucción en Judea propiamente dicha. Por tanto, parece que no hubo represalias fuera del estado rebelde. A partir de ahí, surgen dos escuelas de interpretación. Hay estudiosos que parecen aceptar la idea de que Judea propiamente dicha estaba casi al borde de la destrucción. Los más extremistas incluso afirman que las fuentes romanas no estaban tan lejos. Sin embargo, también hay historiadores que ven estas estimaciones como demasiado infladas. Aunque no niegan que hubo mucha destrucción y muerte, señalan que Judea pudo recuperarse con notable rapidez en las décadas siguientes, lo que hace improbable que perecieran tantos judíos. Además, respaldan sus afirmaciones con la práctica romana de castigar solo a los que estaban directamente involucrados en las rebeliones, lo que significa que los civiles inocentes podrían haber sufrido solo un ligero castigo. Su explicación de las fuentes escritas es que la tradición rabínica quería exagerar el sufrimiento judío, mientras que los romanos querían explicar la gravedad de la rebelión. Sin embargo, independientemente de la interpretación que se acepte, está claro que el precio de levantarse contra Roma no era pequeño.

Sitio arqueológico de uno de los pueblos de Judea destruidos durante la rebelión de Bar Kokhba. Fuente: https://commons.wikimedia.org

Las represalias de Adriano no se detuvieron ahí. Impuso impuestos adicionales y muy probablemente confiscó las tierras de los rebeldes conocidos. Y lo que es más importante, parece que el emperador estaba decidido a no dejar que los judíos se rebelaran de nuevo contra él o contra el imperio. Aprobó una veintena de decretos que prohibían diversos aspectos de la vida judía, desde la prohibición de las reuniones públicas y los estudios de la Torá hasta los tribunales religiosos y los sistemas judiciales judíos. Esto significaba que los judíos eran empujados a practicar su religión en privado.

Sin embargo, estas medidas punitivas no deben considerarse meramente religiosas, ya que también tenían un fuerte factor político detrás. Desarraigaron la autonomía judía, conteniendo y fracturando directamente su nacionalismo. Para promover este objetivo, el emperador cambió el nombre de toda la provincia de Judea, que estaba directamente ligada a la identidad nacional judía, por el de Siria Palestina, más neutral. A esto le siguió la continua difusión de la cultura grecorromana, que se aprecia de forma más evidente en los planes del emperador para Aelia Capitolina, que se siguió desarrollando y adornando con el templo de Júpiter. Para sofocar cualquier esperanza judía residual y los vínculos con el Monte del

Templo y Jerusalén, se prohibió a los judíos entrar en la ciudad. Para ayudar a la estabilidad de la región, Adriano reforzó dos legiones locales con unidades auxiliares adicionales.

Otra parte importante de las secuelas de la guerra es la segunda aclamación imperial que Adriano pronunció poco después de que la rebelión fuera sometida. Representaba la celebración de una importante victoria sobre un peligroso enemigo. La importancia de la campaña de Judea se propaga aún más por las monedas, así como por varios monumentos, que marcan la victoria de Adriano y el restablecimiento de la paz. Sin embargo, el emperador no fue el único en disfrutar de la gloria de la victoria. Concedió varios premios y medallas a diversos oficiales por su participación en la guerra de Judea. La mayoría de estos premios fueron por actos de valor. Más importantes fueron los reconocimientos otorgados a sus tres principales generales: Publicio Marcelo, gobernador de Siria; Haterio Nepote, gobernador de Arabia; y, por supuesto, Julio Severo. Se les concedió la llamada *ornamenta triumphalia*, el más alto honor que se concedía fuera de la familia imperial. Permitía a los galardonados vestir prendas e insignias normalmente reservadas al emperador y a los altos magistrados. Para poner esto en perspectiva, ninguna otra campaña romana de más de un siglo antes de la rebelión de Bar Kokhba produjo tantos *ornamenta triumphalia*.

Por lo tanto, está claro que la victoria sobre los judíos fue una hazaña importante para Adriano y sus ejércitos. Sin embargo, no fue una victoria barata ni fácil. Ninguna de las fuentes que se conservan nos da cifras exactas, pero se indica que las legiones que participaron en la supresión de la rebelión de Bar Kokhba sufrieron importantes bajas. La mayoría de los historiadores relacionan estos supuestos con la necesidad de llevar tantos refuerzos, así como con la omisión por parte de Adriano de la habitual frase introductoria que indica la buena salud de sus legiones cuando se dirige al Senado. Por supuesto, el precio económico de la guerra solo puede suponerse. Sin embargo, debió de tener algún impacto, teniendo en cuenta la participación de legiones lejanas y la interrupción de los mercados y rutas comerciales del Mediterráneo oriental. Sin embargo, parece que la parte más costosa de la rebelión judía fue el impacto en la autoestima, el orgullo y la imagen de poder de los romanos, que era un bien importante para los imperios antiguos. Si estas se erosionaban lo suficiente, podían provocar nuevas rebeliones en sus territorios y consecuencias aún más graves. Es desde esta perspectiva que la aclamación de Adriano puede verse como una herramienta de propaganda romana, ya que anunciaba la fuerza y estabilidad continuas de Roma.

Por supuesto, la perspectiva judía es totalmente opuesta. La derrota acabó con la naturaleza rebelde de los judíos. Aunque algunos todavía soñaban con una Judea libre, la mayoría aceptó su destino como súbditos romanos. Sus ideas nacionalistas se disiparon con la pérdida de innumerables vidas y la demostración final del poder romano. Ciertamente, a ello contribuyeron las medidas de Adriano después de la guerra, cuyo objetivo era precisamente ese. El centro del irredentismo judío quedó esencialmente arruinado. Con él, la ideología mesiánica también había desaparecido. Se abandonó la idea de un liberador y restaurador de Israel, y se vinculó con el apocalipsis. Esta nueva interpretación implica que una vez que aparezca el verdadero mesías, el mundo se acabará. No hay una imagen más fuerte de lo profunda que fue la pérdida de Bar Kokhba. El salvador se convirtió en un símbolo de la perdición. Todo ello cambió los tonos ideológicos dentro del judaísmo, haciéndolo menos un movimiento político y más una religión directa. Cabe señalar que estas valoraciones generales de la rebelión de Bar Kokhba se encuentran en los textos rabínicos, aunque más bien en las metáforas y moralejas de las historias.

Ilustración moderna de un rabino y sus alumnos leyendo el Talmud. Fuente: https://commons.wikimedia.org

A su vez, esto cambió aún más el judaísmo. Cualquier esperanza y sueño de reconstruir el Templo se perdió. Esta fue la ruptura definitiva del llamado judaísmo del Segundo Templo, ya que evolucionó plenamente hacia el judaísmo rabínico. El principal objetivo de la nueva generación de rabinos fue codificar sus prácticas y leyes religiosas. También tuvieron que adaptarse a la falta de un santuario central, así como a la autonomía religiosa y política. En este sentido, el título de *nasi* de Bar Kokhba se convirtió en un título religioso, aunque seguía significando el líder del pueblo judío. El siguiente personaje notable en ser identificado como tal fue el rabino Yehudah HaNasí. Casualmente, fue el principal redactor de la Mishná, la primera gran recopilación escrita de la tradición oral judía. Los estudiosos modernos creen que nació alrededor del año 135 de la era cristiana.

Independientemente de los cambios, el judaísmo se descentralizó en gran medida y comenzó a centrarse en las sinagogas locales y en las comunidades repartidas por el Mediterráneo. Para enfatizar aún más esto, Judea propiamente dicha ya no era el centro espiritual del judaísmo. Hasta cierto punto, fue sustituida por Galilea, pero nunca de forma dominante como lo habían sido antes Judea y Jerusalén. Así, solo después de la rebelión de Bar Kokhba los judíos y el judaísmo se convirtieron realmente en un pueblo y una religión de la diáspora.

Esto nos lleva a la forma en que los estudiosos modernos tienden a caracterizar y evaluar toda la rebelión. Como con la mayoría de los demás aspectos de esta rebelión, estas interpretaciones varían mucho. Algunos tienden a centrarse en la destrucción demográfica, especialmente en la dispersión y descentralización del pueblo judío. Se utilizó para explicar su desplazamiento por el mundo durante los siglos siguientes. La rebelión de Bar Kokhba los dejó sin hogar. Otros se centran en los cambios culturales y religiosos que provocó. Desde esta perspectiva, la tercera guerra judeo-romana fue el paso crucial en la transformación del judaísmo de una religión antigua a algo que los judíos modernos pueden reconocer como su fe. Fue un catalizador del cambio y de la necesidad de adaptación en un mundo en constante cambio. Esta interpretación señala que, a pesar de que la rebelión terminó con una pérdida militar, logró su objetivo principal, la supervivencia del judaísmo y, con él, del pueblo judío.

Otra perspectiva es que todo esto es una exageración, un mito que crece en importancia con el tiempo. Los estudiosos que defienden este punto de vista recurren a la interpretación de que el número de muertos fue menor, así como a las limitadas represalias romanas. Apuntan al hecho de que solo Judea propiamente dicha soportó la carga del castigo, mientras que el resto de los judíos de todo el Imperio romano quedaron prácticamente intactos, incluso en Galilea. Además, es posible que los decretos de Adriano se limitaran a Judea. Incluso si no lo estaban, estas leyes fueron de corta duración, ya que algunas de ellas fueron revocadas por su sucesor, Antonino Pío. A principios del siglo III, el judaísmo había vuelto a ser una religión totalmente legal dentro del imperio, y los judíos obtuvieron el derecho de ciudadanía. Esta perspectiva también sostiene que, incluso antes de la rebelión de Bar Kokhba, los judíos estaban muy dispersos por el mundo antiguo y que los cambios culturales comenzaron con la gran revuelta judía. Por tanto, la rebelión no fue un acontecimiento de enorme importancia histórica. Fue solo uno de los muchos levantamientos en la historia romana y judía.

La verdad puede estar en algún punto intermedio. La destrucción y el sacrificio de la rebelión de Bar Kokhba hicieron que los judíos palestinos aceptaran finalmente el dominio romano. A su vez, esto permitió a los romanos relajar su presión sobre los judíos, permitiendo el nacimiento de relaciones normales entre el régimen imperial y la población judía. La cultura y el espíritu judíos no se rompieron, sino que se adaptaron. Esta reconciliación permitió el restablecimiento de las instituciones de liderazgo judías, que fueron dirigidas por los rabinos. En cierto modo, se convirtió en una historia de muerte y renacimiento, de reestructuración y aceptación del propio destino.

Por último, estas determinaciones de supuesta importancia histórica pueden ser difíciles de precisar con exactitud. Puede que la rebelión de Bar Kokhba no haya sido la más importante en la historia de la humanidad, pero sin duda fue significativa para las personas que la vivieron y afrontaron sus consecuencias. Además, el hecho de que se acepte como una pérdida devastadora, una victoria crucial, un momento de crecimiento o de adaptación, depende de la perspectiva personal de cada uno, especialmente de las personas que participaron en ella. Algunos obtuvieron ganancias, otros encontraron su camino hacia adelante, mientras que una parte de la gente lo perdió todo, incluidas sus vidas.

Representaciones modernas de Bar Kokhba en un sello israelí de 1961 como héroe de Israel (arriba) y en un detalle en relieve de la menorá de la Knéset en Jerusalén (abajo). Fuente: https://commons.wikimedia.org

Entre estos últimos estaba Simón bar Kokhba, el trágico héroe del último gran levantamiento judío contra Roma. Evaluar su persona e influencia es tan difícil como caracterizar toda la rebelión. Sin embargo, Simón fue su personificación, para bien o para mal. Así, para algunos, se convirtió en un héroe, un incondicional de la libertad y la justicia. Para otros, se convirtió en un villano que sacrificó la vida de los demás por sus propios intereses. Independientemente de la interpretación que se haga de sus acciones y motivos, al final Bar Kokhba se convirtió en una figura semimítica, especialmente en la diáspora judía. Los textos rabínicos contribuyeron sin duda a ello, ya que describen sus atributos de semidiós, como su fuerza. Sin embargo, estos textos también contenían sus defectos, sobre todo su arrogancia y su temperamento. Al final, fue marcado como un falso mesías.

A pesar de ello, su imagen no se arruinó del todo. Con el paso del tiempo, muchos de los judíos olvidaron la devastación que había sufrido su pueblo bajo el mandato de Simón, y volvieron a ponerlo en un pedestal. A finales del siglo XIX, gracias a diversos relatos y otras representaciones artísticas, volvió a ser el paladín de la causa judía. No es una coincidencia que los judíos volvieran a soñar con un estado independiente en Palestina en esa época. Para muchos, se convirtió en un símbolo de valor y de voluntad de sacrificio. Sin embargo, al igual que muchos otros personajes históricos controvertidos, sigue habiendo muchos críticos.

Por último, hay que resumir los efectos de la tercera guerra judeo-romana en el conjunto del Imperio romano. Inicialmente, se representó como una gran victoria, pero en un sentido más amplio, no provocó ningún cambio significativo. Roma siguió disfrutando de una de sus «épocas doradas» bajo el gobierno de los llamados cinco emperadores buenos. Y aunque el sometimiento del levantamiento judío restauró la estabilidad en el imperio, no hubo verdaderas transformaciones políticas o culturales. Desde este punto de vista, la rebelión de Bar Kokhba fue, en efecto, un episodio de la historia romana. Sin embargo, sus consecuencias fueron más indirectas, pero no por ello menos importantes. Al borrar por fin las ideas políticas del judaísmo, la rebelión permitió a los romanos encontrar la paz con el judaísmo y todas sus religiones monoteístas afines. Una vez que estas dejaron de ser vistas como una amenaza para el gobierno y la ideología imperiales, las persecuciones comenzaron a disminuir, permitiendo que las religiones monoteístas se extendieran más rápido y más lejos en el imperio, el cual finalmente se convirtió en un reino cristiano. Estas conexiones pueden parecer un poco exageradas, pero existen algunos vínculos. Del mismo modo, la rebelión también aceleró la separación del judaísmo y el cristianismo, transformándolos en religiones competitivas, si no relativamente hostiles. Ambos hechos siguieron siendo un elemento importante en las futuras relaciones romano-judías y cristiano-judías, y provocaron otro tipo de fricciones y conflictos.

En definitiva, la rebelión de Bar Kokhba desempeñó su papel en el desarrollo histórico del mundo mediterráneo. Tanto si los consideramos grandiosos como minúsculos, los acontecimientos y las consecuencias de esta rebelión dejaron su huella en los mitos y las historias del pasado de la humanidad, influyendo en las generaciones que vinieron después.

# Conclusión

La rebelión de Bar Kokhba fue un acontecimiento importante que reconfiguró la historia judía. Transformó a los judíos en un pueblo que vivía en toda la diáspora mediterránea sin una patria clara ni un centro nacional similar. La rebelión también cambió el judaísmo como religión, ya que el pueblo abandonó sus esperanzas mesiánicas de salvación y su concentración en un santuario central. Todo ello se pagó muy caro en vidas humanas, ya que el Imperio romano no dejaría impune semejante desafío a su autoridad.

Sin embargo, a pesar de todo ello, la tercera guerra judeo-romana es tan controvertida como misteriosa. La falta de fuentes precisas y de datos arqueológicos concluyentes deja muchos huecos y espacios en blanco. Hay detalles confusos e inciertos. Algunas partes pueden hacerse con conjeturas, pero siguen dejando espacio para el debate y las diferentes interpretaciones. Al mismo tiempo, la naturaleza enigmática del acontecimiento invita a seguir investigando y, probablemente, a seguir discutiendo. Todo ello deja un amplio abanico de opiniones sobre la importancia, las consecuencias y el carácter de la rebelión de Bar Kokhba.

A pesar de todas las incógnitas, algunos aspectos del levantamiento parecen seguros. Fue la lucha de un pueblo subyugado que no estaba satisfecho con sus gobernantes y buscaba la libertad y la independencia. También fue un desafío valiente, aunque quizá irreflexivo, a uno de los imperios más fuertes de la época. Por último, fue dirigido por una persona competente y carismática que consiguió reunir un apoyo devoto, a pesar de sus asperezas. Independientemente de su pérdida, Bar Kokhba y sus combatientes merecen ser elogiados por su logro, por breve que fuera.

Del mismo modo, debemos abstenernos de juzgar a los romanos y a Adriano por su papel en la rebelión. Desde su punto de vista, se trataba de un levantamiento violento y peligroso que ponía en peligro sus provincias orientales y a los numerosos ciudadanos asentados en la zona. Su respuesta no fue increíblemente severa, al menos para los estándares de la antigüedad. Se abstuvieron de castigar a toda la población judía, pero trataron con dureza a los rebeldes y a cualquiera que los apoyara. Al final, sus acciones consiguieron traer la paz a la región, por muy frágil y efímera que fuera.

Sin embargo, todas estas lecciones e impresiones se desvanecen cuando se mira el coste de las vidas humanas. A menudo, caemos en la trampa de sobrerromantizar nuestro pasado, dando diversas justificaciones a actos atroces. Al hablar de la rebelión de Bar Kokhba, hay numerosos soldados que perdieron la vida defendiendo sus ideales o por servir a su señor, por no hablar de los innumerables civiles inocentes que fueron dañados tanto por los romanos como por los rebeldes en el transcurso de la guerra. Todas estas vidas se extinguieron por lo que fue básicamente un malentendido cultural. Por un lado, los romanos solo querían que todos sus ciudadanos y súbditos fueran leales, mientras que los judíos querían practicar su religión. Si estos dos bandos hubieran logrado encontrar un terreno común y mostrar más comprensión hacia las creencias del otro, quizás el derramamiento de sangre podría haberse evitado. Solo después de que decenas o quizás cientos de miles de personas perdieran la vida, se hizo evidente que se podía lograr una reconciliación. Fue una lección que dejó una gran cicatriz en el pueblo judío.

En todo caso, esta debería ser la moraleja de la rebelión de Bar Kokhba. La violencia nunca es la mejor solución. A veces, un poco de apertura mental y comprensión del «otro» lado puede ser una mucha mejor solución, especialmente cuando se trata de diferencias culturales y de civilización. La historia está llena de lecciones de este tipo, aunque estén ocultas tras un manto de romanticismo e idealización. Por eso la historia es importante, ya que puede ayudarnos a mejorar nuestro futuro y a aprender de los errores de los demás. Esperemos que esta guía le haya inspirado a usted, el lector, a replantearse el mundo en el que vivimos, le haya hecho comprender un poco mejor cómo hemos llegado a este punto y, por supuesto, le haya dejado con ganas de saber más.

Vea más libros escritos por
Captivating History

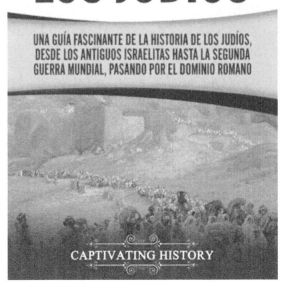

# Bibliografía

A. K. Bowman, P. Garnsey and D. Rathbone, *The Cambridge Ancient History - Volume XI: The High Empire, A.D. 70-192,* Cambridge University Press, 2000.

Amram Tropper, Rewriting Ancient Jewish History: The History of the Jews in Roman Times and the New Historical Method, Routledge, 2016.

Anthony R. Birley, *Hadrian: The Restless Emperor,* Routledge, 1997.

B. Z. Rosenfeld and H. Perlmutter, Social Stratification of the Jewish Population of Roman Palestine in the Period of the Mishnah, 70–250 CE, Brill, 2020.

Benedikt Eckhardt, Jewish Identity and Politics between the Maccabees and Bar Kokhba: Groups, Normativity, and Rituals, Brill, 2012.

Bernard Reich, *A Brief History of Israel,* Facts On File, 2005.

D. Raviv and C. Ben David, Cassius Dio's Figures for the Demographic Consequences of the Bar Kokhba War: Exaggeration or Reliable Account?, Journal of Roman Archaeology:

1-23 (2021).

Emil Schürer, The History of The Jewish People in the Age of Jesus Christ (175 B.C.-A.D. 135), Vol. 1-3, Revised edition, T. & T. Clark, 1973-1987.

Junghwa Choi, Jewish Leadership in Roman Palestine from 70 C.E. to 135 C.E., Brill,2013.

Lindsay Powell, The Bar Kokhba War AD 132-136: The Last Jewish Revolt against Imperial Rome, Osprey Publishing, 2017.

M. Aberbach and D. Aberbach, The Roman-Jewish Wars and Hebrew Cultural Nationalism, Palgrave, 2000.

Mario Liverani, Israel's History and the History of Israel, Equinox, 2005.

Martin Goodman, Rome and Jerusalem: The Clash of Ancient Civilizations, Alfred A.

Knopf, 2007.

Martin Sicker, Between Rome and Jerusalem: 300 Years of Roman-Judaean Relations,

Praeger, 2001.

Menahem Mor, The Second Jewish Revolt: The Bar Kokhba War, 132-136 CE, Brill,

2016.

Mladen Popović, The Jewish Revolt against Rome: Interdisciplinary Perspectives, Brill,

2011.

Molly Whittaker, *Jews and Christians: Graeco-Roman Views*, Cambridge University Press, 1984.

Peter Schäfer, The Bar Kokhba War Reconsidered: New Perspectives on the Second Jewish Revolt against Rome, Mohr Siebeck, 2003.

Peter Schäfer, The History of the Jews in the Greco-Roman World, Routledge, 2003.

Steven T. Katz, The Cambridge History of Judaism: Volume IV - The Late Roman Rabbinic Period, Cambridge University Press, 2006.

Werner Eck, *The Bar Kokhba Revolt: The Roman Point of View*, The Journal of Roman Studies, Vol. 89 (1999), pp. 76-89.

William Horbury, *Jewish War under Trajan and Hadrian*, Cambridge University Press, 2014.

Yigael Yadin, Bar-Kokhba: The Rediscovery of the Legendary Hero of the Second Jewish Revolt against Rome, Random House, 1971.